GÜTERSLOHER
VERLAGSHAUS

Gütersloher Verlagshaus. Dem Leben vertrauen

Martin Buber
Reden über Erziehung

Rede über das Erzieherische
Bildung und Weltanschauung
Über Charaktererziehung

Gütersloher Verlagshaus

Bibliografische Information der Deutschen Nationalbibliothek

Die Deutsche Nationalbibliothek verzeichnet diese Publikation
in der Deutschen Nationalbibliografie; detaillierte bibliografische
Daten sind im Internet über http://dnb.d-nb.de abrufbar.

Unveränderter Nachdruck der 11. Auflage 2005
Copyright © 1953 by Verlag Lambert Schneider/Gütersloher
Verlagshaus, Gütersloh, in der Verlagsgruppe Random House
GmbH, München

Satz: Allgäuer Zeitungsverlag, Kempten
Druck und Einband: Books on Demand GmbH, Norderstedt
Printed in Germany
ISBN 978-3-579-02581-0

www.gtvh.de

INHALT

VORWORT

—

Die in diesem Buch vereinigten drei Reden gehören drei, biographisch deutlich unterschiedenen Stadien meiner pädagogischen Arbeit an.

Die erste, die Rede über das Erzieherische, ist als Darlegung der Wesenshaltung zu verstehen, von der auch meine Beiträge zur Klärung der Probleme der Erwachsenenbildung ausgegangen sind, von meinem Referat über die Volkshochschule auf der Tagung für Erneuerung des Bildungswesens, in Heppenheim a. B. 1919 — mir besonders denkwürdig durch Paul Natorps Referat über die Einheitsschule — bis zu meiner Teilnahme am Werk des Hohenrodter Bundes, aus der mein Referat von 1928 über philosophische und religiöse Weltanschauung in der Erwachsenenbildung[1] hervorzuheben ist. Die Rede über das Erzieherische war der Hauptvortrag der dritten Internationalen Pädagogischen Konferenz in Heidelberg 1925 über »die Entfaltung der schöpferischen Kräfte im Kinde«. Die Aussprache darüber ist mit Recht als ein »leidenschaftliches Ringen« bezeichnet worden[2]. Für ihre Wirkung in der Welt zeugten am stärksten, nach vielen Jahren, das auf ihr aufgebaute Kapitel über den Lehrer in Herbert Reads »Education through Art« von 1943 (S. 279 ff.) und Sir Fred Clarkes Schrift »Freedom in the Educative Society« von 1948 (S. 64 ff.), wonach hier dem englischen Denken über Erziehung die *balancing force* geboten wird, deren es ernstlich bedürfe.

Die zweite Rede, über Bildung und Weltanschauung, 1935 an dem im August 1920 von Franz Rosenzweig begründeten und im November 1933 von mir neueröffneten Freien Jüdischen Lehrhaus in Frankfurt a. M. gehalten, faßt einige Ergebnisse meiner Tätigkeit als Leiter der »Mittelstelle für jüdische Erwachsenenbildung« zusammen. Es ging in dieser unter großen Schwierigkeiten bis ans Frühjahr 1938 geleisteten Arbeit darum, Hitlers Willen zur Zermürbung der Judenheit ent-

[1] Zusammenfassung (von Ernst Michel) in Tagungsbericht des Hohenrodter Bundes II (1929) S. 29 ff.
[2] Elisabeth Rotten, Die Entfaltung der schöpferischen Kräfte im Kinde (1926) S. 3.

gegen, dieser und insbesondere der Jugend einen unerschütterlichen Halt zu geben. Die Woche um Woche überall in Deutschland, wo ein Teilnehmerkreis sich sammeln konnte, organisierten »Lernwochen« haben ihr Werk getan. Daß es getan werden konnte, verdanke ich den beiden Männern, die damals an der Spitze der »Reichsvertretung der deutschen Juden« standen: Leo Baeck, der eben jetzt in London seinen 80. Geburtstag begeht, und Otto Hirsch, der nicht lange nach meiner Übersiedlung nach Palästina im Konzentrationslager zu Tode kam.

Die dritte Rede, über Charaktererziehung, 1939 auf einer Tagung der jüdischen Lehrer Palästinas in Tel-Awiw gehalten, spricht das Grundgefühl aus, von dem meine pädagogische Arbeit von 1938 bis heute getragen ist, vornehmlich die an der hebräischen Universität in Jerusalem und innerhalb der von ihrer »Zentrale für Volksbildung« ausgehenden Veranstaltungen. In deren Zusammenhang habe ich 1949 die »Hochschule für Lehrer des Volkes« begründet und seither geleitet, die der Heranbildung von Erwachsenenlehrern, vornehmlich für die Massen der Neueinwanderer dient; aus deren Kreisen stammt der größere Teil unserer Schüler.

Jerusalem, im Frühling 1953   Martin Buber

ÜBER DAS ERZIEHERISCHE

—

»Die Entfaltung der schöpferischen Kräfte im Kinde« — das ist der Gegenstand, über den auf dieser Tagung geredet werden soll. Zu ihrem Eingeleit vor Sie tretend, darf ich Ihnen nicht für einen Augenblick verschweigen, daß ich von den sieben Worten, in denen er ausgedrückt ist, nur die zwei letzten unfragwürdig finde.

Das Kind, nicht etwa bloß das einzelne Kind, die einzelnen Kinder, sondern das Kind, ist freilich eine Wirklichkeit. Daß in dieser Stunde, während wir uns mit der »Entfaltung der schöpferischen Kräfte« abzugeben beginnen, über die ganze Fläche dieses Planeten hin neue, schon bestimmte und doch noch bestimmbare Menschen geboren werden, ist zwar eine Myriade von Wirklichkeiten, aber es ist auch Eine. Das Menschengeschlecht fängt in jeder Stunde an. Wir vergessen dies zu leicht über der massiven Tatsache des Gewesenseins, der sogenannten Weltgeschichte, der Tatsache, daß jedes Kind mit einer gegebenen, »weltgeschichtlich« entstandenen, das heißt, von der Fülle der Weltgeschlechter ererbten Anlage und in eine gegebene, »weltgeschichtlich« entstandene, das heißt, von der Fülle der Weltvorgänge hervorgebrachte Situation hinein geboren wird. Sie soll uns das andere, nicht minder wichtige Faktum nicht verdunkeln, daß trotz alledem in dieser Stunde, wie in jeder, in die Schichtung des Vorhandenen das noch Ungewesene einbricht, mit zehntausend Antlitzen, von denen keins bisher erschaut worden war, mit zehntausend noch ungewordenen, werdebereiten Seelen, — Schöpfungbegebnis wenn eins, aufgetauchte Neuung, urgewaltige Potentia. Diese, wieviel auch von ihr vertan wird, unversiegt strömende Möglichkeit ist die Wirklichkeit »Kind«. Dieses Erscheinen der Einzigkeit, dieses, das mehr ist als nur Zeugung und Geburt, diese Gnade des Wieder-, des Immer-wieder-, des Noch-immer-anfangen-Dürfens.

Welche größere Sorge könnten wir hegen, bereden als die, wie es wohl zu geschehen vermöchte, daß diese Gnade fortab nicht wie bisher vertan werde, daß die Macht der Neuung sich zur Erneuung wahre! Die kommende Geschichte steht nicht schon vom Griffel eines Ablaufgesetzes auf eine Rolle geschrieben, die nur noch aufzurollen ist; ihre Zeichen werden von den unvorhersehbaren Entscheidungen der werdenden Geschlechter mitgeprägt. Unabmeßbar ist der Anteil jedes heute Lebenden, heute Erwachsenden, heute noch Kindhaften daran, gar unabmeßbar der unsere, wenn wir Erzieher sind. Taten der jetzt nahenden Generationen können das graue Gesicht der Menschenerde licht machen, können es verfinstern. So also die Erziehung: wenn sie sich endlich erhebt und da ist, wird sie im Herzen der Täter die lichtspendende Kraft zu stärken vermögen — wie sehr, ist nicht zu ahnen, nur handelnd zu erfahren.

Wirklichkeit ist das Kind, Wirklichkeit soll die Erziehung werden — aber was ist es um die »Entfaltung der schöpferischen Kräfte«? Ist *das* die Wirklichkeit der Erziehung? Muß die Erziehung eben dies werden, damit sie Wirklichkeit sei? So meinen es offenbar die Einberufer dieser Tagung, die ihr ihren Gegenstand gegeben haben. Sie meinen offenbar, deshalb habe die Erziehung bisher ihr Werk nicht getan, weil sie anderes anstrebte als eben die Entfaltung dessen was im Kinde ist, oder unter den Kräften des Kindes andere als eben die schöpferischen beachtete und begünstigte. Und sie wundern sich wohl jetzt, daß ich diese Zielsetzung fragwürdig finde, da ich doch selber vom Schatz der ewigen Möglichkeit und von der Aufgabe seiner endlichen Hebung spreche. So habe ich denn klarzustellen, daß dieser Schatz durch den Begriff der »schöpferischen Kräfte« und seine Hebung

durch den Begriff der »Entfaltung« nicht zuläng-
lich erfaßt wird.

*

Schöpfertum bedeutet ursprünglich nur den göttlichen Anruf an das im Nichtsein verborgene Wesen. Als Johann Georg Hamann und seine Zeitgenossen diese Bezeichnung metaphorisch auf die menschliche Fähigkeit der Formgebung übertrugen, belegten sie damit eine höchste Aufgipfelung des Menschentums, das gestalterische Genie, als in dem die Ebenbildlichkeit sich wirkend beurkunde. Seither hat sich die Metapher geweitet, es gab eine (nicht ferne) Zeit, wo »schöpferisch« beinah mit »literaturfähig« zusammenfiel, und diesem tiefsten Stand des Wortes gegenüber ist es eine wirkliche Erhebung, wenn es nun hier ganz allgemein gefaßt wird, als etwas, was allen Menschen, allen Menschenkindern in irgendeinem Maße innewohne und eben nur der rechten Ausbildung bedürfe. Die Kunst ist dann nur der Bezirk, in dem sich eine allen gemeinsame Fakultät der Hervorbringung vollendet; mit den Grundkräften der Künste, dem Zeichnerischen etwa, dem Musikalischen, sind alle elementar begabt; diese Kräfte sind zu entwickeln und auf ihnen, somit auf der natürlichen Selbsttätigkeit, die Erziehung der ganzen Person aufzubauen.

Die Wichtigkeit des Hinweises, von dem diese Auffassung ausgeht, darf nicht verkannt werden. Er rührt an ein bedeutsames, aber noch nicht recht beachtetes Phänomen, freilich ohne daß es hier die richtige Benennung fände. Ich meine die Existenz eines selbständigen, von andern nicht ableitbaren Triebs, dessen angemessener Name mir »der Urhebertrieb« zu sein scheint. Der Mensch, das Menschenkind will Dinge machen. Das ist nicht bloße Schaulust an dem Entstehen einer Form aus einer eben noch formlos anmutenden Materie: wonach das Kind verlangt, ist der eigne Anteil an diesem Werden der Dinge; es will das Subjekt des Produktionsvorgangs sein. Der Trieb, von dem ich spreche, ist auch nicht mit dem sogenannten Beschäftigungs- oder Tätigkeitstrieb zu verwechseln, den es mir übrigens gar nicht zu geben scheint (das Kind will herstellen oder zerstören, betasten oder schlagen usw., aber nie »sich betätigen«); worauf es ankommt, ist, daß durch die intensiv empfundene eigene Handlung etwas entsteht, was es vorhin, was es eben erst noch nicht gegeben hat. Eine hohe Äußerung dieses Triebs ist die Art, wie Kinder von geistiger Leidenschaft die Sprache hervorbringen, in Wahrheit nicht als etwas Übernommenes, sondern mit den stürzenden Gewalten des Erstmaligen; Lautgebild um Lautgebild drängt aus ihnen, dringt aus schwingender Kehle, von bebenden Lippen in die Luft der Welt, und der ganze kleine beseelte Leib schwingt und bebt mit, von einem Schauer der ausbrechenden Selbstheit geschüttelt. Oder man sehe einem Knaben zu, der sich ein unbekanntes, rohes Werkzeug zimmert; staunt, erschrickt er nicht über seiner Bewegung wie die ungeheuren Erfinder der Frühe? Es ist aber auch zu beobachten, wie sogar in die scheinbar »blinde« Zerstörungslust des Kindes sein Urhebertrieb hineinspielt und darüber Herr wird: zuweilen fängt es damit an, irgend etwas, z. B. ein Blatt Papier, drauflos zu zerreißen, aber bald nimmt es

16

Interesse an der Gestalt der so zustande kommenden Fetzen, und nun dauert es nicht mehr lange, bis es, immer noch durch Zerreißen, bestimmte Gestalten hervorzubringen sucht.

Es ist wichtig, den Urhebertrieb in seiner Selbständigkeit und Unableitbarkeit zu erkennen. Die heutige Psychologie neigt dazu, die Vielfältigkeit der Menschenseele auf ein einziges Urelement — »Libido«, »Geltungsdrang« und dergleichen mehr — zurückzuführen. Damit werden eigentlich nur bestimmte Entartungszustände verallgemeinert, in denen ein einzelner Trieb die anderen nicht bloß überwältigt, sondern durchwuchert; man geht von den — in unserer Zeit der inneren Entgemeinschaftung und Vergewaltigung zahlreichen — Fällen aus, wo eine solche Hypertrophie den Schein der Alleinigkeit erzeugt, abstrahiert die Regel aus ihnen und wendet diese nunmehr an, mit der ganzen theoretischen und praktischen Problematik derartiger Anwendungen. Diesen Seelenverarmungs-Doktrinen und -Methoden gegenüber ist immer wieder auf die ursprüngliche Polyphonie der menschlichen Innerlichkeit hinzuzeigen, innerhalb deren keine Stimme auf eine andere »zurückzuführen« und die Einheit nicht analytisch herauszulösen, sondern nur im gegenwärtigen Zusammenklang zu erhorchen ist. Eine der Stimmen, eine der führenden, ist der Urhebertrieb. So muß er denn auch für das Werk der Erziehung bedeutsam erscheinen. Hier ist ein Trieb, der, zu welcher Mächtigkeit auch gesteigert, nie zur Begierde wird, weil er gar nicht auf ein »Haben«, nur auf ein Tun aus ist; der unter allen nur ins Leidenschaftliche, nicht ins Süchtige erwachsen kann; der unter allen nicht zum Eingriff in den Bereich anderer Wesen verführen mag; hier die reine Gebärde, die nicht Welt sich zurafft, sondern sich ihr äußert. Sollte nicht von hier aus, indem man dieses Kostbare sich unbehindert auswickeln und auswirken läßt, die Gestaltwerdung der Menschenperson, unzählig oft geträumt und vertan, endlich gelingen? Und es fehlt ja dem jungen Versuch auch schon nicht an Erweisen. Der schönste, den ich kenne, eben kennengelernt habe, ist dieser Kinderchor des Prager Zaubermeisters Bakule, mit dem unsere Konferenz eröffnet worden ist. Wie unter seiner Führung aus verkrüppelten, scheinbar zu lebenslanger Brache verdammten Geschöpfen freibewegte, werkfreudige Menschen sich gelöst haben, bildsam und bildnerisch, die Geschautes und Ersonnenes in vielfältigem Stoff auszuformen, aber auch die eigne, auferstandne Seele wild und herrlich auszusingen verstehen; mehr noch — wie aus dumpfen, ummauerten Einsamkeiten sich eine in Zu- und Gegenblick bekundete Werkgemeinde fügte: das scheint unanzweifelbar zu erweisen, welche Fruchtbarkeit nicht allein, welche in den ganzen Bestand des Menschen hin strahlende Kraft das urheberische Leben hat.

Aber eben dieses Beispiel, tiefer eingesehen, zeigt uns, daß nicht der Freimachung eines Triebes, sondern den Kräften, die dem freigemachten begegnen, der entscheidende Einfluß beizumessen ist: den erzieherischen Kräften. Von ihnen, von ihrer Lauterkeit und Innigkeit, ihrer Liebesmacht und

18

Diskretion, hängt ab, in welche Verbindungen das ausgelöste Element eingeht, und somit, was aus ihm wird.

Zu zwei für den Bau wahren Menschenlebens unentbehrlichen Gestaltungen führt der sich selbst überlassene Urhebertrieb nicht, kann er nicht führen: zum Anteil an einer Sache und zum Einstand in der Gegenseitigkeit.

Einzelwerk und Werksache sind durchaus zweierlei. Ein Ding machen ist ein Stolz des sterblichen Wesens, aber Bedingtsein in einer gemeinsamen Arbeit, die ungewußte Demut des Teilseins, der Teilhaftigkeit und Teilnahme ist die echte Speise irdischer Unsterblichkeit. Sowie der wirkende Mensch in eine Sache eintritt, wo er Werkgemeinschaft mit anderen Menschen entdeckt und übt, folgt er nicht mehr dem Urhebertrieb allein.

Werkhaftes Tun ist ein »einseitiger« Vorgang. Da ist eine Kraft in der Mitte der Person, da geht sie aus, bildet sich dem Stoff ein, da hat sich nun das Werk gegenständlich erhoben, die Bewegung ist zu Ende, sie ist in einer Richtung, vom Traum des Herzens in die Welt, verlaufen und abgelaufen. Mag der Künstler seinen Verkehr mit der geschauten, zu verleibenden Idee noch so unmittelbar als Angetretenwerden, Gefordertwerden und als Wahrnehmen, Empfangen erfahren: solang er am Werk ist, geht ihm Seele aus und nicht ein, entgegnet er der Welt, aber begegnet ihr nicht mehr. Und nicht mit dem Werk kann er der Gegenseitigkeit pflegen; Pygmalion ist schon in der Sage eine ironische Figur.

Ja, der Mensch als Urheber ist einsam. Ganz unverbunden steht er im hallenden Raum seiner Taten. Darüber hinaus kann ihm auch nicht viel helfen, wenn sein Werk von Menschen, von vielen, begeisterten, aufgenommen wird. Ob es angenommen wurde, sein Opfer angenommen vom namenlosen Empfänger, wird ihm nicht kund. Nur wenn ihn jemand an der Hand faßt, nicht als einen »Schöpfer«, sondern als eine in der Welt verlorene Mitkreatur, um ihm jenseits der Künste Gefährte, Freund, Liebender zu sein, wird er der Gegenseitigkeit inne und teilhaft. Eine auf der Ausbildung des Urhebertriebs allein begründete Erziehung würde eine neue, schmerzlichste Vereinsamung der Menschen bereiten.

Vieles lernt das Kind im Herstellen von Dingen, was es nicht anders lernen kann. Indem es ein Ding macht, erfährt es dessen Möglichkeit, dessen Entstehung, dessen Bau und Zusammenhang auf eine Weise, wie es betrachtend nicht zu erfahren vermag. Aber etwas anderes lernt man so nicht, und dieses andere ist das Viatikum des Lebens. Man lernt das Objektsein der Welt von innen her, aber ihr Subjektsein, ihr Ichsagen nicht, also auch ihr Dusagen nicht. Was uns zur Erfahrung des Dusagens bringt, ist nicht mehr der Urhebertrieb, es ist der Trieb nach Verbundenheit.

Der etwas Größeres ist als die Libidinisten wissen: das Verlangen, daß die Welt uns gegenwärtige Person werde, die zu uns ausgeht wie wir zu ihr, die uns erwählt und erkennt wie wir sie, die sich in uns bestätigt wie wir in ihr. Das Kind, das, halbgeschlossener Augen daliegend, mit ausgespannter Seele harrt, daß die Mutter es anspreche, — das Geheimnis seines Willens geht auf anderes als darauf, einen Menschen zu genießen (oder zu beherrschen), aber auch als darauf, von sich aus etwas zu tun; es geht darauf, im Angesicht der einsamen Nacht, die hinterm Fenster sich breitet und einzudringen droht, die Verbundenheit zu erfahren.

*

Aber die Freimachung von Kräften darf überhaupt nicht mehr sein als eine *Voraussetzung* der Erziehung. Mit den »schöpferischen Kräften«, die zur »Entfaltung« zu bringen sind, ist ja letztlich nicht der Urhebertrieb allein gemeint; sie stehen für die Spontaneität des Menschen. Daß die jugendliche Spontaneität nicht unterdrückt werden soll, daß man sie hergeben lassen soll, was sie herzugeben vermag, sind Erkenntnisse, die eine wirkliche Erziehung ermöglichen — ob aber auch begründen?

Nehmen wir ein Beispiel aus dem engeren Bezirk des Urhebertriebs: den Zeichenunterricht. Der Lehrer der »Zwangsschule« begann mit Vorschriften und gültigen Vorbildern; nun wußte man, was schlechthin schön sei, und hatte es nachzuahmen, was man nur in entweder stumpfsinnigem oder verzweifeltem Gemütszustand fertigbrachte. Der Lehrer der freien Schule stellt etwa einen Ginsterzweig in einem Bauernkrug auf den Tisch und läßt das nachzeichnen; oder er stellt ihn auf den Tisch, heißt ihn anschauen, tut ihn weg und läßt nun nachzeichnen; bei von Haus aus unverbildeter Schülerschaft sieht alsbald kein Blatt einem anderen ähnlich. Nun aber beginnt erst die zarte, fast unmerkliche und doch gewichtige Einwirkung: Kritik und Anleitung. Eine, wie auch unakademische, doch feste Wertskala, ein, wie sehr auch sich individualisierendes, doch deutliches Wissen um Gut und Schlecht tritt den Kindern entgegen. Je unakademischer, je individualisierender diese Skala, dieses Wissen ist, um so tieflebendiger empfinden die Kinder ihr Entgegentreten. Dort machte die der Arbeit vorausgehende Deklaration des Alleinrichtigen resigniert oder rebellisch; hier aber, wo erst, nachdem er sich selbst auf den Weg des Werkes weit hinausgewagt hat, den Schüler die Erkenntnis antritt, reißt sie sein Herz zur Ehrfurcht vor der Gestalt hin und erzieht es.

Dieses so fast unmerklich Hinzutretende, dieses Leiseste, ein Fingerheben vielleicht, ein fragender Blick, ist die andere Hälfte des erzieherischen Geschehens.

Die von der Freiheitstendenz bestimmte moderne Pädagogik verkennt in ihrer Theorie die Bedeutung dieser anderen Hälfte, wie die von der Autoritätsgewohnheit bestimmte alte die Bedeutung der ersten Hälfte verkannte. Das Symbol des Trichters ist im Begriff gegen das der Pumpe eingetauscht zu werden. Ich werde an die beiden Lager in der Entwicklungslehre des siebzehnten und achtzehnten Jahrhunderts erinnert, die Animalkulisten, die den ganzen Keim im Samentierchen, und die Ovulisten, die den ganzen im Ei vorfanden. Die Theorie der Entfaltung der Kräfte im Kinde gemahnt in ihren radikalsten Äußerungen an Swammerdams »Auswicklung« des »präformierten« Lebewesens. Aber das Werden des Geistes ist ebensowenig wie das des Körpers eine Auswicklung. Die Dispositionen, die man, könnte man in Wahrheit eine Seele analysieren, in der eines Neugeborenen entdecken würde, sind nichts als Fähigkeiten, Welt aufzunehmen und einzubilden. Die Welt zeugt im Individuum die Person. Die

Welt also, die ganze Umwelt: Natur und Gesellschaft, »erzieht« den Menschen: sie zieht seine Kräfte herauf, läßt sie ihre, der Welt Einwürfe fassen und durchdringen. Was wir Erziehung nennen, die gewußte und gewollte, bedeutet *Auslese der wirkenden Welt* durch den Menschen; bedeutet, einer Auslese der Welt, gesammelt und dargelebt im Erzieher, die entscheidende Wirkungsmacht verleihen. Herausgehegt ist das erzieherische Verhältnis aus der absichtslos strömenden All-Erziehung: als Absicht. So wird die Welt erst im Erzieher zum wahren Subjekt ihres Wirkens.

Es war eine Zeit, es waren Zeiten, wo es keine spezifische Berufung des Erziehers, des Lehrers gab und keine zu geben brauchte. Da lebte ein Meister, ein Philosoph etwa oder ein Erzschmied, seine Gesellen und Lehrlinge lebten mit ihm, sie lernten, was von seinem Hand- oder Kopfwerk er sie lehrte, indem er sie daran teilnehmen ließ, aber sie lernten auch, ohne daß sie oder er sich damit befaßt hätten, lernten ohne es zu merken, das Mysterium des personhaften Lebens, sie empfingen den Geist. Wohl gibt es solches noch, in irgendeinem Maß, wo es Geist und Person gibt, aber es ist in den Bezirk der Geistigkeit, der Persönlichkeit verbannt, es ist Ausnahme, »Höhe« geworden. Die Erziehung als Absicht ist unausweichlich berufen; wir können so wenig hinter die Wirklichkeit der Schule zurück, wie wir etwa hinter die Wirklichkeit der Technik zurückkönnen; wir können aber und sollen in das Ganzwerden ihrer Wirklichkeit, in die vollkommne Durchmenschlichung ihrer Wirklichkeit hinein.

Unser Weg baut sich aus Verlusten, die heimlich zu Gewinnen werden. Das Erzieherische hat das Paradies der reinen Unwillkürlichkeit verloren und dient nun wissend am Acker um das Brot des Lebens. Es hat sich gewandelt; erst in dieser Wandlung ist es offenbar worden.

Doch bleibt der Meister das Vorbild des Lehrers. Denn wenn dieser, wenn der Erzieher dieses Menschheitstags tun muß, wissend tun, soll er es so, »als täte er nicht«. Jenes Fingerheben, jener fragende Blick, das ist sein echtes Tun. Durch ihn tritt die Auslese der wirkenden Welt an den Zögling; er verfehlt den Empfänger, wenn er sie ihm in einer Gebärde des Eingriffs erscheinen läßt. Gesammelt muß sie sich in ihm haben; und das Tun aus der Sammlung hat das Antlitz des Ruhens. Das Eingreifen spaltet die ihm ausgelieferte Seele in einen gehorchenden und einen sich empörenden Teil; aber das verborgene Einwirken aus der Ganzheit des Wesens hat die gänzende Kraft.

Die Welt, sagte ich, wirkt als Natur und als Gesellschaft auf das Kind ein. Die Elemente erziehen es, Luft, Licht, das Leben in Pflanze und Tier; und die Verhältnisse erziehen es. Der wahre Erzieher vertritt beide; aber dasein muß er vor dem Kind wie eins der Elemente.

*

Freimachung von Kräften kann nur eine Voraussetzung der Erziehung sein, nicht mehr. Wir dürfen es allgemeiner fassen: es kommt der Freiheit zu, den Boden herzugeben, auf dem sich das wahre Leben errichtet, aber nicht auch das Fundament. Das gilt, wie für die innere, die »sittliche« Freiheit, so für die äußere, für die des Nichtbehindertseins, Nichteingeschränktseins. Wie die obere, die Entscheidungsfreiheit der Menschenseele, vielleicht unsre höchsten Momente, aber nicht ein Quentchen unsrer Substanz bedeutet, so die untere, die Freiheit der Entfaltung, unser Werdenkönnen, aber gar nicht unser Werden. Sie ist sinnvoll als die Tatsache, von der das Erziehungswerk auszugehen hat, sie wird absurd als seine grundsätzliche Aufgabe.

Man ist geneigt, diese Freiheit, die man die evolutive nennen mag, als den Gegenpol von Zwang, von Unter-dem-Zwang-sein zu verstehen. Aber der Gegenpol von Zwang ist nicht Freiheit, sondern Verbundenheit. Zwang ist eine negative Wirklichkeit, und Verbundenheit ist die positive; Freiheit ist eine Möglichkeit, die wiedergewonnene Möglichkeit. Vom Schicksal, von der Natur, von den Menschen gezwungen werden: der Gegenpol ist nicht, vom Schicksal, von der Natur, von den Menschen frei, sondern mit ihm, mit ihr, mit ihnen verbunden und verbündet sein; um dies zu werden, muß man freilich erst unabhängig geworden sein, aber die Unabhängigkeit ist ein Steg und kein Wohnraum. Freiheit ist das vibrierende Zünglein, der fruchtbare Nullpunkt. Zwang in der Erzie-

hung, das ist das Nichtverbundensein, das ist Ge-
ducktheit und Aufgelehntheit; Verbundenheit in
der Erziehung, nun, das ist eben die Verbundenheit, das ist Aufgeschlossen- und Einbezogensein;
Freiheit in der Erziehung, das ist Verbundenwer-
denkönnen. Sie ist nicht zu entbehren und in sich
nicht zu verwenden; ohne sie gerät es nicht, aber
auch durch sie nicht; sie ist der Anlauf zum
Sprung, das Stimmen der Geige. Sie ist die Konfir-
mation jener urgewaltigen Potentia, die zu aktua-
lisieren sie nicht einmal anheben kann.
Freiheit oder, wie ihr rechtmäßiger altdeutscher
Name ist: Freihals — ich liebe ihr aufblitzendes
Gesicht: es blitzt aus dem Dunkel auf und ver-
lischt, aber es hat dein Herz gefeit. Ich bin ihr zu-
getan, ich bin allzeit bereit um sie mitzukämpfen.
Um die Erscheinung des Blitzes, nicht länger während, als das Auge ihr standzuhalten vermag. Um
das Vibrieren des Züngleins, das zu lang nieder-
gezogen und starr war. Ich gebe meine linke Hand
dem Aufrührer und meine rechte dem Ketzer:
voran! Aber ich vertraue ihnen nicht. Sie verstehen zu sterben, aber das ist nicht genug. Ich liebe
die Freiheit, aber ich glaube nicht an sie. Wie
könnte man an sie glauben, wenn man ihr ins Gesicht gesehen hat! Es ist der Blitz der Alldeutigkeit
— der Allmöglichkeit. Um die kämpfen wir, immer wieder, von jeher, siegreich und vergebens.
Es ist wohl zu verstehen, daß in einer Zeit, in der
alle überlieferten Bindungen, entartend, ihre Legitimität in Frage gestellt haben, die Freiheitstendenz sich übersteigert, das Sprungbrett als Ziel

und ein funktionelles Gut als substantielles behandelt wird. Auch ist es eine lasse Gefühlsamkeit, weitläufig zu beklagen, daß mit der Freiheit experimentiert wird; vielleicht gehört es zu dieser Stunde ohne Kompaß, daß viele Leute ihr Leben als Lot auswerfen, um zu ermitteln, welchen Grad wir befahren und wohin wir zu steuern haben. Aber eben *ihr* Leben! Solch ein Experiment, getan, ist ein halsbrecheriches Wagnis und unanfechtbar; beredet, in geistreichen Erörterungen, Bekenntnissen und wechselseitigen Problematisierungen beredet und zerredet, ist es ein Greuel der Auflösung. Die sich einsetzen, einzeln oder als Gemeinschaft, läßt sie springen, läßt sie vorstoßen, in die schwingende Leere, wo einem Sinne und Sinn vergehen, oder über sie hinaus zu einem Bestand; aber zu Theorem und Programm dürfen sie die Freiheit nicht machen. Von einer Bindung frei werden ist ein Schicksal; das trägt man wie ein Kreuz, nicht wie eine Kokarde. Vergegenwärtigen wir uns, was es in seiner Wahrheit bedeutet, von einer Bindung frei werden: es bedeutet, daß an die Stelle einer mit vielen Geschlechtern geteilten Verantwortung die ganz persönliche tritt. Leben aus der Freiheit ist personhafte Verantwortung oder es ist eine pathetische Posse.

Ich habe die Macht genannt, die allein der leeren Freiheit den Gehalt, der schwingenden oder kreisenden die Richtung verleihen kann. An sie glaube, den Ihren vertraue ich.

Dieses brüchige Leben zwischen Geburt und Tod kann doch eine Erfüllung sein: wenn es eine Zwiesprache ist. Erlebend sind wir Angeredete; denkend, sagend, handelnd, hervorbringend, einwirkend vermögen wir Antwortende zu werden. Zumeist überhören wir ja die Anrede oder schwatzen in sie hinein. Wenn aber das Wort zu uns kommt und die Antwort aus uns kehrt, gibt es, wie auch noch gebrochen, das menschliche Leben auf der Welt. Die Entzündung der Antwort in jenem »Fünklein« der Seele, das jeweilige Entbrennen der Antwort auf die unversehens andringende Rede nennen wir die Verantwortung. Für welchen Bereich des uns zugeteilten, anvertrauten Lebens wir zu antworten vermögen, das heißt, zu welchem wir eine Beziehung haben und betätigen, die als — in all unserer Unzulänglichkeit — rechtschaffne Antwort gelten darf, für diesen üben wir Verantwortung. Wie sehr einem dabei, von der Wirklichkeit des Fünkleins aus, möglich ist, einer überlieferten Bindung, einem Gesetz, einer Weisung zu folgen, so sehr ist ihm erlaubt, seine Verantwortung anzulehnen (mehr als Anlehnung ist uns überhaupt nicht gewährt, abgenommen wird sie uns nicht); im Maß unseres »Freiwerdens« wird uns die Anlehnung verwehrt, muß unsere Verantwortung personhaft einsam werden.

Von hier aus ist das Erzieherische und ist seine Wandlung im Zerfall der Bindungen zu verstehen.

*

Man pflegt das Prinzip der »neuen« Erziehung als den »Eros« dem der »alten« als dem »Machtwillen« gegenüberzustellen.

In Wahrheit ist der eine ebensowenig Prinzip der Erziehung wie der andre. Prinzip der Erziehung — in einem Sinn, der noch aufzuhellen sein wird — kann nur ein Grundverhältnis sein, das in ihr seine Erfüllung findet. Eros aber wie Machtwille sind Leidenschaften der Seele, denen die Stätte ihrer eigentlichen Auswirkung anderswo bereitet ist; Erziehung kann für sie nur einen Gelegenheitsbereich abgeben, und zwar einen, der seinem Wesen nach ihrer Auswirkung eine Grenze setzt, welche nicht ohne Zerstörung des Bereichs verletzt werden kann. Konstitutiv für die erzieherische Haltung vermag der eine so wenig wie der andre zu sein.

Der »alte« Erzieher war, insofern er eben Erzieher war, nicht »der Mensch des Machtwillens«, sondern er war Tradent, Tradent gesicherter, erbmächtiger Werte. Vertritt der Erzieher dem Zögling gegenüber die Welt, so vertrat jener besonders die geschichtliche, das Gewordensein. Er war der Abgesandte der Geschichte diesem Eindringling »Kind« gegenüber, er trug ihm, wie der Papst in der Legende dem Hunnenfürsten, die Magie der historischen Geistmächte entgegen, er warf die Werte in das Kind oder zog es in sie. Der hat diesen Vorgang der Begegnung zwischen dem Kosmos der Geschichte und ihrem ewigneuen Chaos, zwischen Zeus und Dionysos, nie im Geist geschaut, wer ihn auf die Formel des »Antagonismus von Vätern und Söhnen« reduziert; Vater Zeus steht nicht für eine Generation, sondern für eine Welt, für die olympische, geformte, — die Geschichtswelt steht der Generation gegenüber, als welche die immer wieder geschichtslose Naturwelt ist. Diese Situation der alten Erziehung wird aber leicht vom Machtwillen des Individuums benützt oder mißbraucht: weil er von der Vollmacht der Geschichte geschwellt ist. Der Machtwille wird krampfhaft und gerät ins Toben, wenn die Vollmacht zu zerfallen beginnt, das heißt, wenn die magiegewaltige Gültigkeit des Erbguts schwindet. Der Augenblick rückt dann nah, wo der Lehrer nicht mehr als Abgesandter, nur noch als Einzelner dem Schüler gegenübersteht, nur eben haftendes Atom dem wirbelnden, und wie sehr auch in seinem Denken wähnend, aus der Fülle des objektiven Geistes zu handeln, in der Wirklichkeit seines Lebens doch auf sich zurückgeworfen und verwiesen, daher sehnsüchtig. Eros erscheint. Und Eros findet in der neuen Erziehungssituation Unterkunft wie jener andere Wille in der alten; aber so wenig wie jener ist er Träger, Grund, Prinzip. Er gibt nur vor, es zu sein: um nicht als Sehnsucht, als der beherbergte Fremdling erkannt zu werden. Und viele glauben ihm.

Es ist Nietzsche nicht gelungen, den Machtwillen so zu verklären, wie Platon den Eros verklärt hat. Aber unsere Sorge um die Kreatur in dieser großen Sorgenstunde hat gleicherweise bei beiden nicht auf die Mythen der Philosophen, sondern auf die Tatsächlichkeit des gegenwärtigen Lebens zu achten. Ganz verklärungswidrig haben wir einzusehen, daß Eros — nämlich nicht »die Liebe«, sondern eben er, der männliche, herrliche Eros —, was immer sonst ihm zugehören mag, eins notwendig einschließt: Menschen genießen wollen. Und daß das Erzieherische, die Sonderessenz dieses Namens, die aus keinem andern zusammengesetzt ist, eben dies ausschließt. Wie übermächtig auch ein Erzieher vom Eros heimgesucht und begeistert wird, — gehorcht er ihm auch noch, wenn er erzieht, dann erstickt er das Gewächs seiner Gnaden. Eins von zweien: entweder er nimmt die Tragödie der Person auf sich und bringt das tägliche Ganzopfer dar oder das Feuer fährt in sein Werk und vernichtet es.

Eros ist Wahl, Wahl aus Neigung. Erziehertum ist eben dies nicht. Der in Eros Liebende kürt den Geliebten, der Erzieher, der heutige Erzieher findet den Zögling vor. Ich sehe von dieser unerotischen Situation aus die *Größe* des modernen Erziehers — am deutlichsten, wo er Lehrer ist. Da betritt er den Schulraum zum ersten Mal, da sieht er sie in den Bänken hocken, wahllos durcheinandergewürfelt, mißratene und wohlbeschaffene Gestalten, tierische Gesichter, nichtige und edle — wahllos durcheinander: wie die Gegenwart der Schöpfung; sein Blick, der Blick des Erziehers, nimmt sie alle an und nimmt sie auf. Das ist gewiß kein Nachfahre der Griechengötter, die sich ihre Lieblinge raubten; aber er dünkt mich ein Statthalter des wahren Gottes zu sein: wenn dieser »Licht bildet und Finsternis schafft«, vermag der Mensch, beide zu lieben — das Licht in ihm selbst, die Finsternis auf das Licht zu.

Sollte er je, um der Erziehung willen, glauben, Auswahl und Gliederung üben zu müssen, dieser Erzieher, dann wird er sich von einem andern Kriterium leiten lassen als von dem der Neigung, wie rechtmäßig dieses auch in seiner eigenen Sphäre ist; er wird sich von der Werterkenntnis seines Erzieherblicks leiten lassen. Aber auch dann steht seine Auswahl noch in suspenso, unter der steten Berichtigung durch die spezifische Demut des Erziehers, für den das Da-Sein und So-Sein aller seiner Zöglinge doch das entscheidende Faktum ist, dem seine »hierarchische« Erkenntnis sich unterordnet. Denn in der Vielheit und Vielfältigkeit der Kinder stellt sich ihm eben die der Schöpfung dar.

*

Eine hohe Askese bedeutet also das Erzieherische: die weltfreudige um der Verantwortung für einen uns anvertrauten Lebensbereich willen, auf den wir zu wirken und in den wir nicht einzugreifen haben, weder machtwillig noch erotisch. Der Dienst des Geistes am Leben kann sich wahrhaft nur in dem System einer zuverlässigen, von den Gesetzen der verschiedenen Verhältnisformen bestimmten Kontrapunktik von Hingabe und Zurückhaltung, Vertrautheit und Distanz vollziehen, die freilich nicht von einer Reflexion angeordnet, sondern aus dem Wesenstakt des natürlich-geistigen Menschen aufgestiegen sein muß. Jede Verhältnisform, in der sich der Dienst des Geistes am Leben verwirklicht, hat ihre eigentümliche Sachlichkeit, ihre Struktur der Maße und Grenzen, die keineswegs der Innigkeit persönlichen Erfassens und Durchdringens widerstrebt, wohl aber der Vermischung mit den Eigensphären der Person. Wird diese Struktur und ihr Widerstreben nicht geschont, dann nimmt ein seinem Anspruch nach aristokratischer, in Wirklichkeit haltloser und fiebriger Dilettantismus überhand, dem die sakralsten Namensgebungen und Haltungen nicht über seine unvermeidliche Folgeerscheinung hinweghelfen werden: über die Zersetzung. Man betrachte z. B. das Verhältnis von Arzt und Patient. Wesentlich ist, daß es eine wirkliche, von dem Angerufenen mit der Seele erfahrene Menschenbeziehung sei; aber sowie der Helfer von der Lust angewandelt wird, seinen Pflegling — in noch so subtiler Weise — zu beherrschen oder zu genießen, oder auch dessen etwaigen Wunsch, von ihm beherrscht oder genossen zu werden, anders denn als einen der Heilung bedürftigen Fehlzustand zu behandeln, tut sich die Gefahr einer Verfälschung auf, der verglichen alle Kurpfuscherei harmlos erscheint.

*

Der sachlich asketische Charakter des Erzieher-
tums darf jedoch nicht dahin mißverstanden werden, als sei es von Machttrieb und Eros so abgeho-
ben, daß keine Brücke von ihnen zu ihm geschla-
gen werden kann. Ich habe schon darauf hingewiesen, wie Großes der Eros dem Erzieher bedeuten
darf, ohne sein Werk zu versehren. Es geht hier
um die Schwelle und die Wandlung an ihr; nicht
die Kirche allein hat eine probende Schwelle, an
der der Mensch sich wandelt oder zur Lüge wird.
Aber damit er diesen stets erneuten Übertritt von
Sphäre zu Sphäre vollziehen könne, muß er ihn
einmal in entscheidender Weise vollzogen und die
Essenz des Erzieherischen in sich aufgenommen
haben. Wie geschieht das? Es gibt eine elementare
Erfahrung, die den erotischen wie den kratetischen
Menschen zumindest in seiner Sicherung erschüt-
tert, die aber mitunter mehr als das tut: mit um-
schmelzender Wucht ins Innere des Triebes stürzt.
Es gibt eine Umkehr des einzelnen Triebs, die ihn
durchaus nicht aufhebt, sondern sein Richtungs-
system umkehrt. Eine solche Umkehr kann von
der elementaren Erfahrung bewirkt werden, mit
der das eigentlich Erzieherische anfängt und auf
der es sich gründet. Ich nenne sie die Erfahrung der
Gegenseite.
Ein Mensch schlägt auf einen andern ein, der still-
hält. Nun geschehe es urplötzlich dem Schlagen-
den, daß er einen Schlag, den er führt, empfängt.
Denselben Schlag. Als der andere, der Stillhal-
tende. Einen Augenblick lang erfährt er die gemeinsame Situation von der Gegenseite aus. Die

Wirklichkeit tut sich ihm an. Was wird er tun? Er übertobt die Seele oder sein Trieb kehrt um.

Ein Mann liebkost eine Frau, die sich liebkosen läßt. Nun geschehe ihm, daß er die Berührung doppelseitig verspürt: noch mit seiner Handfläche und schon auch mit der Haut der Frau. Die Zwiefältigkeit der Gebärde, als einer zwischen Person und Person sich ereignenden, zuckt durch die Geborgenheit seines genießenden Herzens und rührt es auf. Wenn er sein Herz nicht übertäubt, wird er — nicht etwa dem Genuß absagen: er wird lieben müssen.

Damit ist keineswegs gemeint, daß der Mensch, dem solches widerfährt, fortan in jeder Begegnung solchermaßen doppelseitig empfinden sollte — das müßte seinen Trieb vielleicht entmächtigen; aber die eine äußerste Erfahrung macht ihm den andern für alle Zeit gegenwärtig: es hat eine Transfusion stattgefunden, nach der eine bloße Auswirkung der Subjektivität nicht mehr möglich, dem Täter nicht mehr erträglich ist.

Erst die Mächtigkeit, die umfaßt, ist Führung; erst der Eros, der umfaßt, ist Liebe. Umfassung, das ist die volle Gegenwärtigung des Unterworfenen, des Begehrten, des »Partners«, nicht mit der Phantasie, sondern mit der Aktualität des Wesens.

Es wäre verkehrt, das was hier gemeint ist mit dem geläufigen, aber wenig sagenden Terminus der »Einfühlung« zusammenbringen zu wollen. Einfühlung bedeutet, wenn irgend etwas, mit dem eigenen Gefühl in die dynamische Struktur eines Gegenstands, einer Säule, eines Kristalls, eines

Baumastes, wohl auch einer animalischen oder menschlichen Kreatur, zu schlüpfen und sie gleichsam von innen abzulaufen, die Formung und Bewegtheit des Gegenstandes mit den eigenen Muskelempfindungen verstehend; sich hinweg und hinein zu »versetzen«. Sie bedeutet somit Ausschaltung der eigenen Konkretheit, Verlöschen der gelebten Situation, Aufgehen der Wirklichkeit, an der man teilhat, in purer Ästhetik. Umfassung ist das Gegenteil: Erweitung der eigenen Konkretheit, Erfüllung der gelebten Situation, vollkommne Präsenz der Wirklichkeit, an der man teilhat. Ihre Elemente sind: erstens ein irgendwie geartetes Verhältnis zweier Personen zueinander, zweitens ein von beiden gemeinsam erfahrener Vorgang, an dem jedenfalls eine der beiden tätig partizipiert, drittens das Faktum, daß diese eine Person den gemeinsamen Vorgang, ohne irgend etwas von der gefühlten Realität ihres eigenen Tätigseins einzubüßen, zugleich von der andern aus erlebt.

Ein Verhältnis zweier Personen, das in geringerem oder höherem Maß von dem Element der Umfassung bestimmt ist, mögen wir ein dialogisches nennen.

Ein dialogisches Verhältnis wird sich auch in der Echtheit der Gespräche kundgeben, aber es baut sich nicht etwa aus ihnen auf. Vielmehr ist nicht bloß das Miteinanderschweigen solcher zwei Personen ein Dialog, sondern auch in ihrem räumlichen Getrenntsein lebt ihre Dialogik fort, als die stete potentielle Gegenwärtigkeit der einen für die andere, als ein äußerungsloser Verkehr. Hinwieder

zieht alles Gespräch seine Echtheit nur aus dem Be-
rührtsein von dem Element der Umfassung, sei es
auch nur in dessen abstrakter Erscheinung, als
»Anerkennung« des So-Seins des Gesprächspart-
ners — welche real-wirksam nur dann sein kann,
wenn sie einer Umfassungserfahrung, einer Erfahrung der Gegenseite entsprungen ist.

Die Umkehr des Machtwillens und die des Eros
bedeuten die Dialogisierung der von ihnen bestimmten Verhältnisse; eben deshalb bedeuten sie
den Eingang des Triebs in die Verbundenheit mit
dem Mitmenschen und in die Verantwortung für
ihn als für einen zugeteilten und anvertrauten Lebensbereich.

Das Element der Umfassung, mit dessen Erkenntnis diese Läuterung anhebt, ist dasselbe, welches
das erzieherische Verhältnis konstituiert.

*

Das erzieherische Verhältnis ist ein rein dialogisches.

Ich habe auf das Kind hingewiesen, das, halbgeschlossener Augen daliegend, der Ansprache der Mutter entgegenharrt. Aber manche Kinder brauchen nicht zu harren: weil sie sich unablässig angesprochen wissen, in einer nie abreißenden Zwiesprache. Im Angesicht der einsamen Nacht, die einzudringen droht, liegen sie bewahrt und behütet, unverwundbar, im silbernen Panzerhemd des Vertrauens.

Vertrauen, Vertrauen zur Welt, weil es diesen Menschen gibt — das ist das innerlichste Werk des erzieherischen Verhältnisses. Weil es diesen Menschen gibt, kann der Widersinn nicht die wahre Wahrheit sein, so hart er einen bedrängt. Weil es diesen Menschen gibt, ist gewiß in der Finsternis das Licht, im Schrecken das Heil und in der Stumpfheit der Mitlebenden die große Liebe verborgen.

Weil es diesen Menschen gibt. Und so muß denn aber dieser Mensch auch wirklich dasein. Er darf sich nicht durch ein Phantom vertreten lassen: der Tod des Phantoms wäre die Katastrophe der ursprünglichen Kinderseele. Er braucht keine der Vollkommenheiten zu besitzen, die sie ihm etwa anträumt; aber er muß wirklich da sein. Er muß, um dem Kind in Wahrheit präsent zu werden und zu bleiben, dessen Präsenz in seinen eignen Bestand aufgenommen haben, als einen der Träger seiner Weltverbundenheit, einen der Herde seiner Weltverantwortung. Freilich kann er sich nicht in einem fort mit dem Kind befassen, weder tatsäch-

lich noch auch in Gedanken, und solls auch nicht.
Aber hat er es wirklich aufgenommen, dann ist
jene unterirdische Dialogik, jene stete potentielle
Gegenwärtigkeit des einen für den anderen gestif-
tet und dauert. Dann ist Wirklichkeit *zwischen*
beiden, Gegenseitigkeit.

Aber diese Gegenseitigkeit — das macht die Besonderheit des erzieherischen Verhältnisses aus —
kann nicht eine der Umfassung sein, obgleich die
wahre Beziehung des Erziehers zum Zögling auf
eben dieser gegründet ist. Kein anderes Verhältnis
zieht so wie dieses sein innres Leben aus dem Element der Umfassung, kein anderes aber ist wie
dieses darin völlig auf die Einseitigkeit hingewiesen und büßt mit ihr sein eigenes Wesen ein.

Wir dürfen drei Hauptgestaltungen des dialogischen Verhältnisses unterscheiden.

Die eine beruht auf einer abstrakten, aber gegen-
seitigen Umfassungserfahrung.

Das deutlichste Beispiel dafür ist eine Disputation
zweier in Artung, Anschauung, Berufung grund-
verschiedener Menschen, in der es sich — wie durch
die Handlung eines so namenlosen wie unsichtba-
ren Boten — in einem Nu begibt, daß jeder die
mit den Insignien der Notwendigkeit und des
Sinns bekleidete Legitimität des andern gewahrt.
Welch eine Erleuchtung! Um nichts wird die eigne
Wahrheit, die eigne Überzeugungsmacht, der eigne
»Standpunkt« oder vielmehr Bewegungskreis
durch sie geschmälert; keine »Relativierung« geschieht, es sei denn so zu nennen, daß im Zeichen
der Grenze sich uns die urschicksalhafte Wesenheit

der sterblichen Erkenntnis darstellt: erkennen
heißt für uns Kreaturen, unsere, jeder die seine,
Relation zum Seienden wahrhaft und verantwort-
lich erfüllen, indem wir all seine Erscheinung ge-
treulich, weltoffen, geistoffen mit unseren Kräften
empfangen und unserem Sosein einverleiben; so
entsteht und besteht lebendige Wahrheit. Ich bin
inne geworden, daß es so mit dem andern ist wie
es mit mir ist; und daß diese beiden keine Erkennt-
niswahrheit, sondern allein die Seinswahrheit und
das Wahrheitsein des Seienden überwaltet. Und so
sind wir Anerkennende geworden.

Abstrakt habe ich diese Gestaltung genannt, nicht
als ob ihre Grunderfahrung der Unmittelbarkeit
entbehrte, sondern weil sie sich auf den Menschen
nur als geistige Person bezieht und von der vollen
Wirklichkeit seines Wesens und Lebens absehen
muß. Von der Umfassung dieser vollen Wirklichkeit gehen die beiden andern aus.

Von diesen die erste, das erzieherische Verhältnis,
hat ihren Grund in der konkreten, aber einseitigen
Umfassungserfahrung.

Wenn Erziehung bedeutet, eine Auslese der Welt
durch das Medium einer Person auf eine andere
Person einwirken zu lassen, so ist die Person, durch
die dies geschieht, vielmehr, die es durch sich geschehen macht, einer eigentümlichen Paradoxie
verhaftet. Was sonst nur als Gnade, in die Falten
des Lebens eingelegte, besteht: mit dem eignen Sein
auf das Sein anderer einzuwirken, ist hier Amt
und Gesetz geworden. Damit aber, daß solchermaßen an die Stelle des meisterlichen Menschen

der erzieherische getreten ist, hat sich die Gefahr
aufgetan, daß das neue Phänomen, der erzieherische Wille, in Willkür ausarte; daß der Erzieher
von sich und von seinem Begriff des Zöglings, nicht
aber von dessen Wirklichkeit aus die Auslese und
Einwirkung vollziehe. Man braucht nur etwa die
Berichte über Pestalozzis Unterricht zu lesen, um
zu merken, wie leicht sich bei den edelsten Pädago-
gen die Willkür in den Willen mengt. Das liegt
fast immer an einem Aussetzen oder zeitweiligen
Erlahmen des Umfassungsaktes, der eben für das
Erzieherische nicht bloß, wie für andere Bereiche,
regulativ, sondern schlechthin konstitutiv ist, so
daß das Erzieherische aus der steten Wiederkehr
dieses Aktes und dem stets erneuten Zusammenhang mit ihm seine wahre Eigenkraft gewinnt. Der
Mensch, dessen Beruf es ist, auf das Sein bestimm-
barer Wesen einzuwirken, muß immer wieder eben
dieses sein Tun (und wenn es noch so sehr die Gestalt des Nichttuns angenommen hat) von der Gegenseite erfahren. Er muß, ohne daß die Handlung
seiner Seele irgend geschwächt würde, zugleich drüben sein, an der Fläche jener anderen Seele, die sie
empfängt; und nicht etwa einer begrifflichen, kon-
struierten Seele, sondern je und je der ganz konkreten dieses einzelnen und einzigen Wesens, das
ihm gegenüber lebt, das zusammen mit ihm in der
gemeinsamen Situation, des »Erziehens« und »Er-
zogenwerdens«, die ja *eine* ist, nur eben an deren
andrem Ende steht. Es genügt nicht, daß er sich die
Individualität dieses Kindes vorstelle; es genügt
aber auch nicht, daß er es unmittelbar als eine gei-

stige Person erfahre und sodann anerkenne; erst wenn er von drüben aus sich selber auffängt und verspürt, »wie das tut«, wie das diesem andern Menschen tut, erkennt er die reale Grenze, tauft er in der Wirklichkeit seine Willkür zum Willen, erneuert er seine paradoxe Rechtmäßigkeit. Er ist unter allen der eine, dem die Umfassung aus einem bestürzenden und erbauenden Ereignis zur Atmosphäre werden darf und soll.

Aber, in wie vertrauter Gegenseitigkeit des Gebens und Nehmens er auch sonst mit seinem Zögling verknüpft ist, die Umfassung kann hier keine gegenseitige sein. Er erfährt das Erzogenwerden des Zöglings, aber der kann das Erziehen des Erziehers nicht erfahren. Der Erzieher steht an beiden Enden der gemeinsamen Situation, der Zögling nur an einem. In dem Augenblick, wo auch dieser sich hinüberzuwerfen und von drüben zu erleben vermöchte, würde das erzieherische Verhältnis zersprengt oder es wandelte sich zu Freundschaft.

Freundschaft nennen wir die dritte Gestaltung des dialogischen Verhältnisses, auf die konkrete und gegenseitige Umfassungserfahrung gegründet. Sie ist das wahrhafte Einander-Umfassen der Menschenseelen.

*

Der Erzieher, der die Erfahrung der Gegenseite übt und ihr standhält, erfährt in einem beides: seine Grenze an der Anderheit und seine Gnade in der Verbundenheit mit dem andern. Er verspürt von »drüben« das Annehmen und das Verwerfen des eben Herankommenden (also des eben von ihm, dem Erzieher, aus Herankommenden), freilich vielfältig nur flüchtige Stimmung oder unsicheres Gefühl, aber daraus zu erschließen ist das wirkliche Bedürfen und Nichtbedürfen der Seele; wie die Tatsache, welche Speisen einem Kinde wohlschmecken, welche ihm leidig sind, dem Kundigen die Einsicht, welcher Stoffe Zufuhr dem Körper nottut, zwar nicht verschafft, aber vermittelt. Indem der Erzieher so Mal um Mal gewahr wird, was dieser Mensch in diesem Augenblick braucht und was nicht, führt es ihn immer tiefer in die Erkenntnis, was der Mensch braucht, damit er werde; aber auch in die, was er, der »Erzieher«, von dem Gebrauchten zu geben vermag, was nicht, — was schon, was noch nicht. So weist ihn die Verantwortung für diesen ihm zugeteilten und anvertrauten Lebensbereich, je und je für diese lebende Seele, auf jenes unmöglich Scheinende und doch uns irgendwie Gewährte, auf die Selbsterziehung hin. Selbsterziehung aber kann hier, wie überall, nicht dadurch geschehen, daß einer sich mit sich selber, sondern dadurch allein, daß er, wissend um was es geht, sich mit der Welt befaßt. Die Kräfte der Welt, die der Zögling zum Aufbau seines Wesens braucht, soll der Erzieher aus der Welt lesen und in sich ziehen.

Erziehung von Menschen durch Menschen bedeutet Auslese der wirkenden Welt durch eine Person
und in ihr. Der Erzieher sammelt die aufbauenden
Kräfte der Welt ein. In sich selber, in seinem welt-
erfüllten Selbst scheidet er, lehnt ab und bestätigt.
Die aufbauenden Kräfte — es sind ewig die gleichen,
es ist die Welt in der Verbundenheit, die Gott zu-
gewandte. Der Erzieher erzieht sich zu ihrem
Organ.

*

Ist dies nun das »Prinzip« der Erziehung, als ihre Norm und feste Maxime?

Nein; nur das principium ihrer Wirklichkeit, der Anfang ihrer Wirklichkeit, — wo immer sie anfängt.

Eine Norm und feste Maxime der Erziehung gibt es nicht und hat es nie gegeben. Was man so nennt, war stets nur die Norm einer Kultur, einer Gesellschaft, einer Kirche, eines Zeitalters, der, wie alle gebundene Regung und Handlung des Geistes, auch die Erziehung hörig war und die sie in ihre Sprache übertrug. Im geformten Äon gibt es in Wahrheit keine Eigengesetzlichkeit (wenn auch zuweilen einen Eigenbau) der Erziehung; nur in dem sich entformenden. Erst in ihm, im Zerfall der überlieferten Bindungen, im kreisenden Wirbel der Freiheit ersteht die personhafte Verantwortung, die zuletzt mit ihrer Entscheidungslast keiner Kirche, keiner Gesellschaft, keiner Kultur mehr sich anlehnen kann, die einsame im Angesicht des Seienden.

In dem sich entformenden Äon kommt es auf die vielgelobten »Persönlichkeiten«, die seine Scheinformen zu bedienen und in deren Namen die »Zeit« zu beherrschen verstehen, in der Wahrheit des Geschehens ebenso wenig an wie auf die den gewesenen echten Formen nachtrauernden und sie zu restaurieren beflißnen: nur auf die, wie auch geltungsarmen, Personen, die, jede in der tätigen Stille ihres Werkbezirks, für die Fortdauer der lebenden Substanz antworten, sie verantworten. So auch im Bereich der Erziehung.

Die immer wieder vorgebrachte Frage »Wohin, worauf zu soll erzogen werden?« verkennt die Situation. Auf sie wissen nur Zeiten, die eine allgemeingültige Gestalt — Christ, Gentleman, Bürger — kennen, eine Erwiderung, nicht notwendig mit Worten, aber mit dem auf die Gestalt hin ausgestreckten Zeigefinger, die deutlich über aller Köpfen in der Luft steht. Das Bilden dieser Gestalt in allen Individuen, aus allen Stoffen, das ist die »Bildung«. Wenn aber alle Gestalten zerbrachen, wenn keine mehr die gegenwärtige Menschheitsmaterie einzubewältigen, einzugestalten vermag, was ist da noch zu bilden?

Nichts anderes mehr als das Ebenbild Gottes.

Das ist das undefinierbare, nur faktische Wohin des gegenwärtigen Erziehers, der in der Verantwortung steht. Eine theoretische Erwiderung auf die Frage »Worauf zu?« kann dies nicht sein, nur, wenn überhaupt, eine getane. Mit dem Nichttun getane.

Der Erzieher steht jetzt mit in der Not, die er in der Umfassung erfährt, nur ein Stück Wegs tiefer in sie hinein. Er steht mit, nur ein Stück Wegs weiter aufwärts, im Dienst, zu dem er sprachlos aufruft, in der imitatio Dei absconditi sed non ignoti.

*

Wenn alle »Richtungen« versagen, in der Finsternis über dem Abgrund ersteht die Eine wahre Richtung des Menschen, auf den schöpferischen Geist, auf den über dem Antlitz der Wasser flügelbreitenden Gottesbraus zu — den, von dem wir nicht wissen, von wannen er kommt und wohin er fährt.

Das ist die wahre Autonomie des Menschen, das Erzeugnis der Freiheit, die nicht mehr verrät, sondern verantwortet.

Der Mensch, das Geschöpf, welches Geschaffnes gestaltet und umgestaltet, kann nicht schaffen. Aber er kann, jeder kann sich und kann andere dem Schöpferischen öffnen. Und er kann den Schöpfer anrufen, daß er sein Ebenbild rette und vollende.

BILDUNG UND WELTANSCHAUUNG

—

Wir, die wir an der sogenannten Erwachsenenbildung arbeiten, begegnen immer wieder einem Widerstand der Weltanschauungsgruppen gegen das »Allgemeine«, das da getrieben wird. Sie erklären: erstens, daß die Auswahl des für ihre Angehörigen Wissenswerten von keiner anderen Instanz aus rechtmäßig zu treffen sei als von der sie bestimmenden Tendenz aus, da nur hier entschieden werden könne, was einer zu wissen brauche, um zur Durchsetzung dieser Tendenz beizutragen; und zweitens, daß überhaupt jede Gruppe ihre gesamte Erziehungstätigkeit im eigenen Haus zu besorgen habe, denn nur hier, unter Gleichgesinnten, sei jene Straffheit und Schwungkraft möglich, auf die es ankomme, mit Andersdenkenden komme man vernünftigerweise nur zusammen, um sich mit ihnen »auseinanderzusetzen«, nicht um miteinander etwas zu lernen, was angeblich gemeinsam gelten solle, was also weltanschauungsleer oder doch weltanschauungsarm sein müsse.

Das wird zwar im wesentlichen hinsichtlich der Jugendlichen erklärt, aber im Grunde sind alle noch so alten Leute mitgemeint, sofern sie eben noch Jugend in sich haben, also noch bildsam sind — und in dieser Zeit hat ja mancher, der vordem ganz fertig schien, eine zweite, eine Krisen-Jugend gewonnen, ist aufgerührt, aufgelockert worden, wieder weiche Tonerde.

Vorweg sei gesagt, daß mir diese Haltung der Weltanschauungsgruppen recht verständlich ist. Die direkte Aktion beherrscht die Stunde, und man hat keine Zeit zu verlieren. Es ist zu begreifen, daß die Meinung aufgekommen ist, eine unpolitische Bildung schwäche die Stoßkraft und der allgemeine Geist lenke vom Ziel ab, das eben immer ein besonderes und als solches den anderen Zielen entgegengesetztes sei.

Stimmen tut das freilich nur vordergründig, nur wenn man die Dinge wie auf einer Leinwand geschehen sieht; es stimmt nicht mehr, wenn man sich in die dritte Dimension begibt und erfährt, was »dahinter steckt«.

Mit einem der geläufigen Bildungsbegriffe ist dabei jedoch nichts anzufangen, die reichen nicht zu.

Der wirklich zeitwahre, zeitgerechte Bildungsbegriff muß auf der Einsicht begründet sein, daß um irgendwo hinzugelangen es nicht genügt, auf etwas *zu*zugehen, sondern daß man auch von etwas *aus*gehen muß. Und nun verhält es sich so, daß das »Auf was zu« von uns selbst, von unserer zweckbestimmenden »Weltanschauung« gesetzt werden kann, nicht aber das »Von wo aus«. Dieses zu setzen kommt uns nicht zu; was wir mit solchem Anspruch zurechtmachen, erweist sich bald als trügliches Gemächt. Wovon einer tatsächlich ausgehen kann — nicht bloß sich einreden, daß ers tue, sondern wirklich seinen Ausgang davon nehmen —, das muß etwas anderes sein als ein Standpunkt oder meinetwegen Standort, es muß ein rechter Stand und Urstand sein: eine Urwirklichkeit, die mich auf den Weg zu meinem Ziel nicht entläßt, sondern, wiewohl ich selber es mir erwählt habe, mich leitet, damit ich es nicht im Gehen verwechsle und so verfehle; die mir beisteht. Eine, die mich hervorgebracht hat und die mich, wenn ich mich ihr anvertraue, zu tragen, zu hüten, mich zu bilden bereit ist. Zu ihr, zu meinem Ursprung, zu seinen bildnerischen Kräften will die Bildungsarbeit den — verlorenen oder geminderten — vollen Zugang wieder eröffnen, oder seinen Kräften den Zugang zu mir.

Über die Kräfte können wir nicht verfügen, wir können nur zu ihnen hinleiten. Es sind diese besonderen, ursprünglichen Kräfte, und sind doch nicht ethnisch, so wenig wie sie religionhaft sind, sondern beides in einem und mehr und andres.

Aber mit der Einsicht in die Besonderheit der Bildungskräfte ist nichts über den Bildungsstoff ausgesagt. Der Bereich, dem dieser zu entnehmen ist, ist schlechthin kein besonderer, er umfaßt grundsätzlich alles; was ihm aber jeweils entnommen wird, das bestimmen keine allgemeinen Prinzipien, das Bestimmende ist hier unsre jeweilige Situation. Sie allein liefert das Kriterium der Auswahl: wessen der Mensch, der diese Situation da bestehen soll, unser wachsendes Geschlecht, an Bildungsstoff bedarf, um sie zu bestehn, das und nichts andres ist der Bildungsstoff unsrer Stunde. Hier verbindet und vermischt sich eigentümlich Allgemeines und Besonderes.

Der Bildung, die hier erörtert wird, ist es um die »Welt« zu tun, deren vielfältige Aspekte die »Weltanschauungen« sind. Es gibt ja eben doch nicht etwa bloß die verschiedenen Auffassungen eines Volkstums, in deren Zeichen und um deren Wahrheit die Volksgruppen miteinander ringen, — es gibt doch auch das wirkliche Volkstum selber, das sie alle meinen und keine umfaßt: es geht in sie alle ein, spiegelt und bricht sich in jeder — und ist keiner hörig. Die Bildungsarbeit weist auf die reale Einheit hin, die sich hinter der Vieldeutigkeit der Aspekte birgt. Sie maßt sich nicht an, die Weltanschauungen durch Welt zu ersetzen, sie kann jene nicht verdrängen und darf es nicht wollen; sie weiß, daß man eine Welt nicht »haben« kann, wie man eine Weltanschauung hat; aber sie weiß auch, daß für den Aufbau der Person und somit auch für den Aufbau der aus Personen und ihren

Beziehungen wachsenden großen Gemeinschaft alles davon abhängt, wie weit man faktisch mit der Welt zu tun bekommt, die die Weltanschauungen ausdeuten.

Aber kann man denn zu einer Welt hinführen? Keiner vermag doch einen Bestand anders zu zeigen, als wie er sich eben ihm darstellt, also notwendigerweise wieder einen Aspekt! Ist es denn möglich, weltanschauungsfrei zu lehren, – und wäre es, wenns möglich wäre, erwünscht?

Nein, es ist nicht möglich, und nein, es wäre nicht erwünscht. Aber es kommt, beim Lehrenden wie beim Lernenden, darauf an, ob seine Weltanschauung sein lebensmäßiges Verhältnis zu der »angeschauten« Welt fördert oder ihm diese verstellt. Die Tatsachen sind; es kommt darauf an, ob ich sie so treu zu erfassen strebe, als ich vermag. Meine Weltanschauung kann mir darin helfen; wenn sie nämlich meine Liebe zu dieser »Welt« so wach und stark hält, daß ich nicht müde werde wahrzunehmen, was wahrzunehmen ist. Ein Text etwa meines Schrifttums ist da; er ist unzählige Male und auf unzählige Weise interpretiert worden; ich weiß, daß keine Interpretation, und nun auch meine nicht, den Ursprungssinn des Textes deckt; ich weiß, daß mein Interpretieren, wie jedes, bedingt ist durch mein Sein; aber wenn ich auf das, was dasteht, auf Wort und Gefüge, auf Laut und rhythmischen Bau, auf offenbare und heimliche Zusammenhänge so treulich achte als ich vermag, ist es nicht umsonst getan, – ich finde etwas, ich habe etwas gefunden. Und wenn ich, was ich gefunden habe, aufzeige, führe ich — den, der sich führen läßt — zur Wirklichkeit des Textes hin; ich setze ihn, den ich lehre, den wirkenden Kräften des Textes aus, deren Wirken ich erfahren habe. Und ebenso ist etwa eine geschichtliche Erscheinung da; gewiß, schon ihr erster Chronist mag sie, zumindest durch die Auswahl des Mitgeteilten, »weltanschaulich« gefärbt haben; aber was tut das? Von meiner Weltanschauung befeuert, diese Erscheinung zu erkennen, mühe ich mich redlich um die Durchdringung des Materials, um die Schau des verborgenen »Dahinter«; irgendwo, ich weiß nicht wo, mag diese meine wahrnehmende Unbefangenheit von meiner bearbeitenden weltanschaulichen Befangenheit durchsetzt werden — vergeblich war sie nicht, denn in das Ergebnis, das ich heimtrage, ist Wirklichkeit chemisch eingemengt, unauslösbar freilich, aber vorhanden und wirksam; vergeblich war meine Treue nicht, wenn ich nur darauf ausging, zu erfahren, was irgend ich erfahren kann. Die Tatsachen sind und die Treue ist; die Treue ist wie alles Menschliche bedingt und wie alles Menschliche maßgeblich. Es ist uns nicht gewährt, die Wahrheit zu besitzen; aber wer an sie glaubt und ihr dient, baut an ihrem Reich. Der ideologische Anteil an dem, was jeder Einzelne Wahrheit nennt, ist unausschmelzbar; aber was er vermag, das ist, im eigenen Geist Einhalt zu gebieten der Politisierung der Wahrheit, der Utilitarisierung der Wahrheit, der ungläubigen Gleichsetzung von Wahrheit und Verwendbarkeit. Die Relativierung waltet in mir wie der Tod in mir waltet; aber ihr kann ich, anders als ihm, immer wieder die Schranke setzen: Bis hierher und nicht weiter!

Die Bildung, die hier erörtert wird, stellt die geteilten Weltanschauungsgruppen vor das Angesicht des Ganzen. Da aber dieses Ganze nicht ein abgesondertes Objekt, sondern das sie gemeinsam tragende Leben ist, können sie nicht in getrennten Scharen dastehen und betrachten, — sie müssen in dieser erfahrenen Gemeinsamkeit auch miteinander zu tun bekommen, ja erst im gelebten Miteinander bekommen sie recht eigentlich die Gewalt des Ganzen zu spüren.

Die moderne Gruppe will »sich durchsetzen«, sie will das Ganze werden. Aber das Ganze wird nicht gemacht, es wächst. Wer sich ihm auferlegt, verliert es, indem er es zu gewinnen scheint; wer sich ihm hingibt, wächst mit ihm. Nur in *gewachsener* Ganzheit ist die elementare (d. h. die freie) Produktivität eines Volkstums verbürgt, nur im Blick auf sie ist sie möglich.

Die Bildungsarbeit vereinigt die teilnehmenden Gruppen, im Zugang zu den bildnerischen Kräften und im gemeinsamen Dienst um die Tatsachen, zu einem Modell der großen Gemeinschaft: als welche nicht Zusammenschluß der Gleichgesinnten ist, sondern echtes Miteinanderleben der Gleichgearteten oder Artverschmolzenen, aber Verschiedengesinnten. Gemeinschaft ist Bewältigung der *Anderheit* in der gelebten Einheit.

Es gilt nicht »Toleranz« zu üben, sondern Vergegenwärtigung der Wurzelgemeinschaft und der Verzweigungen; es gilt den Stamm so zu erfahren und zu erleben (hier steht das oft fragwürdige Wort zu Recht), daß man auch erlebt, wo und wie die *andern* Äste abspringen und hinschießen, so wirklich wie der eigne. Es gilt nicht eine formelhafte Scheinverständigung auf einer Minimalbasis, sondern Wissen um das Wahrheitsverhältnis von drüben, um des andern Realverhältnis zur Wahrheit; nicht »Neutralität«, sondern Solidarität, lebendiges Füreinandereinstehn, und Mutualität, lebendige Wechselwirkung. Nicht Verwischung der Grenzen zwischen den Bünden, Kreisen und Parteien, sondern gemeinschaftliche Erkenntnis der gemeinsamen Wirklichkeit und gemeinschaftliche Erprobung der gemeinsamen Verantwortung.

Vitale Dissoziierung ist die Krankheit der Völker in unserer Zeit, die durch eine zusammenpressende Aktion nur scheinbar zu heilen ist. Hier kann zunächst nichts andres helfen als ein rechtschaffnes Miteinanderzutunbekommen der Menschen verschiedener Gesinnungskreise in gemeinsamer Erschließung des gemeinsamen Grundes. Darauf geht die Pädagogik, die Andragogik unserer Bildungsarbeit aus.

Aber sie setzt die verschiednen Weltanschauungsgruppen nicht bloß in unmittelbare Beziehung zu einander, sie gibt auch jeder einzelnen das, was diese für ihre eigene Weltanschauung braucht und sich selbst nicht geben kann.

Jeder Weltanschauung heftet sich, sowie sie aus dem Bereich des Denkens und Planens in den Bereich des Menschenlebens tritt, eine eigentümliche Problematik an, die eine ganz neue, vorher nicht gestellte und nicht stellbare Wahrheitsfrage einschließt. Es ist die Problematik dessen, was ich als die dialektische Innenlinie bezeichnen möchte.

Solange die Weltanschauung in den Höhen des reinen Gedankens und des unbedingten Willens schwebt, nimmt sie sich glatt und fugenlos aus; sowie sie die Erde unseres Lebens betritt, erhält sie einen Riß — einen wenig beachteten, aber äußerst wichtigen Riß mittendurch.

Wir befinden uns nun im Raum des konkreten, persönlichen Lebens; jede Gruppe hat ja (was sie gern vergißt) ihre Konkretheit, die konkrete Probe, die über die Zukunft entscheidet, im Leben der Personen, die ihr angehören.

Hier, in diesem Raum, scheidet und entscheidet es sich innerhalb der Weltanschauung.

Von einer doppelten Frage aus vollzieht sich die Scheidung: Worauf steht deine Weltanschauung? Und: Was fängst du mit deiner Weltanschauung an? Worauf sie stehe — das heißt: auf welcher Weite und welcher Dichtigkeit der persönlichen Erfahrung, des lebensmäßigen Wissens um die Dinge und um die eigne Person. Einer Weltanschauungsgruppe angeschlossen sein kann eine echte Wahl bedeuten oder einen täppischen Zugriff wie im Blindekuhspiel.

Je nach dem Grund, worauf eine Weltanschauung ruht, je nachdem, was für Wurzeln sie hat, Luftwurzeln oder Erdwurzeln, entscheidet es sich, was ihr an nährender Wirklichkeit zufließt, entscheidet sich ihr Wirklichkeitsgehalt — und von dem aus die Zuverlässigkeit ihres Wirkens.

Und zum zweiten: was man damit anfange — das heißt: ob einer seine Weltanschauung nur verficht und »durchsetzt« oder sie auch lebt und bewährt, so gut er eben je und je kann (so gut er kann; es gibt ein sich großartig ausnehmendes Entweder—Oder, das im Kern nichts anderes ist als Flucht, Ausflucht). Die Wahrheit einer Weltanschauung wird nicht in den Wolken erwiesen, sondern im gelebten Leben: wahr ist, was bewährt wird.

Im einheitlichen Marschtakt einer Gruppe verliert sich heute die Unterscheidung, wessen Schritt den Gang seiner richtungerfüllten Existenz selber und wessen Schritt nur eine beredte Gebärde bedeutet. Und doch ist diese Unterscheidung, die quer durch jede Gruppe führt, gewichtiger noch als die zwischen Schar und Schar. Denn nur die mit ihrer Lebenssubstanz Verwirklichenden werden neue lebensfähige Wirklichkeit stiften. Mag von der Stoßkraft des Trupps der Erfolg abhängen, von der Echtheit der Einzelnen hängt ab, als was sich in der Tiefe der Zukunft dieser Erfolg kundtun wird: als echter Sieg oder als dessen Vortäuschung. Die Bildungsarbeit hat auf die Angehörigen der Weltanschauungen einen doppelten Einfluß: einen fundierenden und einen postulativen. Sie hilft zum ersten jedem seine Weltanschauung im Erdreich seiner Welt verwurzeln, indem sie ihm diese weit und dicht erfahrbar macht, ihm den Zugang zu ihr eröffnet, ihn ihren wirkenden Kräften aussetzt. Und sie erzieht zum zweiten in jedem sein Weltanschauungsgewissen, das ihn immer neu auf die Bewährung hin prüft und das den Unverbindlichkeiten der Durchsetzung die Verbindlichkeit, den Ernst der tausend kleinen Verwirklichungen entgegenstellt.

Gewiß ist es wichtig, was einer bekennt; aber noch wichtiger ist es, *wie* er es bekennt. Dieses Wie ist kein ästhetisches und nicht einmal ein ethisches; es geht um Realität im genausten Sinn, um die ganze Realität, im Verhältnis zu der das Ästhetische und das Ethische nur Abstraktionen sind. Wohnt eine Weltanschauung im Kopf oder im ganzen Menschen? Lebt sie in den Stunden der Proklamation oder noch in den stillen Privatzeiten seines Lebens? Verwendet er sie oder gibt er sich ihr her? Das ist die Scheidung zwischen Realgesinnung und Fiktivgesinnung, zwischen der Gesinnung, die verwirklicht wird, bis sie ganz in die Wirklichkeit eingegangen ist, und der Gesinnung, die flott durchgesetzt und durchgesetzt wird, bis nichts von ihr übriggeblieben ist. Es gibt die existentielle Verantwortung der Person für das Haben einer Weltanschauung; die kann mir meine Gruppe nicht abnehmen, sie darf es nicht.

Man rede nicht von »Individualismus«! Wohl geht es um Personen, aber nicht um der Person willen; es geht um sie um der Zukunft willen. Ob im Bereich irgendeiner Weltanschauung die Menschen der Realgesinnung oder die Menschen der Fiktivgesinnung bestimmend sind, ob die zu treffenden Entscheidungen von der existentiellen Verantwortung aus getroffen werden oder nicht, was sich an der inneren Front begibt, die quer durch alle Weltanschauungen sich zwischen Wahrheit und Lüge hinzieht, davon hängt noch mehr ab als davon, ob diese Weltanschauung »siegt« oder nicht; denn davon hängt ab, ob der geschichtlich verzeichnete Sieg wahrhaft dies und nicht etwa die Katastrophe ist. Wie weit die künftige Gemeinschaft dem Wunschbild entsprechen wird, hängt von der Wesenshaltung der gegenwärtigen Personen — nicht der führenden allein, sondern jedes Einzelnen — wesentlich ab. Das Ziel steht nicht fest und wartet; wer einen Weg einschlägt, der nicht schon in seiner Art die Art des Zieles darstellt, wird es verfehlen, so starr er es im Auge behielt; das Ziel, das er erreicht, wird nicht anders aussehen als der Weg, auf dem er es erreichte.

Wir leben — man muß es immer wieder sagen — in einer Zeit, in der Schlag auf Schlag die großen Träume, die großen Hoffnungen des Menschenvolks sich erfüllen: als ihre eignen Karikaturen. Was ist die Ursache all dieses massiven Scheins? Ich weiß keine andre als die Macht der Fiktivgesinnung. Diese Macht nenne ich die Ungebildetheit des Menschen dieses Zeitalters. Gegen sie steht die zeitwahre, zeitgerechte Bildung, die den Menschen hinführt zum gelebten Zusammenhang mit seiner Welt und ihn von da aufsteigen läßt zu Treue, zu Erprobung, zu Bewährung, zu Verantwortung, zu Entscheidung, zu Verwirklichung.

Die Bildungsarbeit, die ich meine, ist Führung zu Wirklichkeit und Verwirklichung. Der Mensch ist zu bilden, der zwischen Schein und Wirklichkeit, zwischen Scheinverwirklichung und echter Verwirklichung zu scheiden weiß, der den Schein verwirft und die Wirklichkeit erwählt und ergreift, gleichviel welche Weltanschauung er erwähle. Diese Bildungsarbeit erzieht die Angehörigen aller Weltanschauungen zur Echtheit und zur Wahrheit. Sie erzieht jeden dazu, mit seiner Weltanschauung Ernst zu machen von der Echtheit des Grundes aus und auf die Wahrheit des Zieles zu.

ÜBER CHARAKTERERZIEHUNG

I

Erziehung, die diesen Namen verdient, ist wesentlich Charaktererziehung. Denn der echte Erzieher hat nicht bloß einzelne Funktionen seines Zöglings im Auge, wie der, der ihm lediglich bestimmte Kenntnisse oder Fertigkeiten beizubringen beabsichtigt, sondern es ist ihm jedesmal um den ganzen Menschen zu tun, und zwar um den ganzen Menschen sowohl seiner gegenwärtigen Tatsächlichkeit nach, in der er vor dir lebt, als auch seiner Möglichkeit nach, als was aus ihm werden kann. So aber, als ein Ganzes in Wirklichkeit und Potenz, kann man einen Menschen nur entweder als

Persönlichkeit fassen, d. h. als diese einmalige geistleibliche Gestalt mitsamt den in ihr ruhenden Kräften, oder als Charakter, d. h. als den Zusammenhang zwischen der Wesenseinheit dieses Einzelnen und der Folge seiner Handlungen und Haltungen. Zwischen diesen beiden Arten, den Zögling in seiner Ganzheit zu fassen, besteht ein grundsätzlicher Unterschied. Persönlichkeit ist etwas, was im wesentlichen außerhalb der Einwirkung des Erziehers wächst, Charakter etwas, an dessen Ausbildung mitzuwirken die größte Aufgabe des Erziehers ist; Persönlichkeit ist eine Vollendung, aber nur Charakter ist eine Aufgabe; eine Persönlichkeit darf man pflegen und fördern, zu einem Charakter kann und soll man erziehen.

Freilich — dies möchte ich schon hier vorausschikken — es empfiehlt sich, den Anteil, der dem Erzieher an der Entstehung eines Charakters gewährt ist, nicht zu überschätzen. Mehr als auf irgendeinem anderen pädagogischen Gebiet ist es auf diesem wichtig, sich gleich zu Anfang der Erörterung, noch ehe man untersucht, was ein Charakter ist, und überlegt, wie man zu ihm erzieht, die der bewußten Einwirkung gezogenen Grenzen grundsätzlich zu vergegenwärtigen.

Wenn ich Algebra zu unterrichten habe, kann ich darauf rechnen, daß es mir gelingen wird, meinen Schülern eine Kenntnis davon zu verschaffen, was Gleichungen zweiten Grades mit zwei Unbekannten sind; auch der die langsamste Fassungsgabe hat, wird sie so gut verstehen, daß er nachts, wenn er nicht schlafen kann, sich damit unterhalten wird, Gleichungen aufzulösen, und auch der das trägste Gedächtnis hat, wird noch im hohen Alter nicht vergessen, wie man mit x und y spielen kann. Wenn es mir dagegen um Charaktererziehung zu tun ist, wird alles problematisch. Ich versuche es, meinen Schülern zu erklären, daß Neid schändlich ist, und schon spüre ich den heimlichen Widerstand derer, die weniger besitzen als ihre Kameraden; ich versuche zu erklären, daß es unanständig ist, den Schwächeren zu schlagen, und schon sehe ich ein unterdrücktes Lächeln in den Mundwinkeln der Stärkeren; ich versuche zu erklären, daß Lüge das Leben zerstört, und etwas Furchtbares geschieht: der schlimmste Gewohnheitslügner in meiner Klasse schreibt einen glänzenden Aufsatz über die zerstörende Macht der Lüge. Ich habe den fatalen Fehler begangen, Ethos zu *unterrichten,* und was ich sagte, wird als gangbare Kenntnismünze aufgenommen, nichts davon verwandelt sich in Substanz, die den Charakter aufbaut. Aber die Problematik liegt noch tiefer. In allem Unterricht kann ich meine Absicht, die Schüler etwas zu lehren, zu noch so deutlichem Ausdruck bringen, das tut meiner Wirkung keinen Abbruch, die Schüler wollen ja zumeist doch etwas lernen, wenn auch nicht allzuviel, und ein stilles Einvernehmen zwischen uns wird möglich. Wenn aber die Schüler merken, daß ich ihren Charakter erziehen will, lehnen sich gerade manche von denen auf, die am ehesten in sich das Zeug zu einem echten selbständigen Charakter haben; sie wollen sich nicht erziehen lassen, genauer: sie wollen nicht, daß man sie erziehen wolle. Auch diejenigen, denen die Frage um Gut und Böse ernstlich zu schaffen macht, empören sich — gerade weil sie immer wieder erfahren wie schwer es ist den Weg zu finden —, dagegen, daß man ihnen als etwas längst Feststehendes diktiere, was gut und was böse ist. Heißt das nun, daß man seine Absicht der Charaktererziehung verschweigen, daß man verstohlen und listig zu Werke gehen soll? Nein; ich sagte ja eben, daß die Problematik tiefer liegt. Es genügt nicht, daß man die Charaktererziehung nicht in eine Unterrichtsstunde preßt; man darf sie auch nicht in klug hergerichteten Pausen verstecken. Erziehung verträgt keine Politik. Auch wenn der Schüler die verheimlichte Absicht nicht merkt, wirkt sie auf das Tun des Lehrers zurück und entzieht ihm die Unmittelbarkeit, die seine Kraft ist. Auf die Ganzheit des Zöglings wirkt nur die Ganzheit des Erziehers wahrhaft ein, seine ganze unwillkürliche Existenz. Der Erzieher braucht kein sittliches Genie zu sein, um Charaktere zu erziehen; aber er muß ein ganzer lebendiger Mensch sein, der sich seinen Mitmenschen unmittelbar mitteilt: seine Lebendigkeit strahlt auf sie aus und beeinflußt sie gerade dann am stärksten und reinsten, wenn er gar nicht daran denkt, sie beeinflussen zu wollen.

Das griechische Wort Charakter bedeutet Einprägung. Die besondere Verbindung zwischen Sein und Erscheinen des Menschen, der besondere Zusammenhang zwischen seiner Wesenseinheit und der Folge seiner Handlungen und Haltungen wird seiner noch plastischen Substanz eingeprägt. Wer prägt sie ein? Alles prägt: die Natur und die soziale Umwelt, das Haus und die Straße, die Sprache und die Sitte, die Welt der Geschichte und die Welt der täglichen Nachrichten aus Gerücht, Radio und Zeitung, die Musik und die Technik, das Spiel und der Traum, alles miteinander, — manches, indem es Übereinstimmung, Nachahmung, Sehnsucht, Streben erweckt, anderes, indem es Fragen, Zweifel, Abneigung, Widerstand erzeugt; gerade durch das Ineinandergreifen der verschiedenartigen, einander entgegengesetzten Wirkungen wird der Charakter geprägt. Und mitten drin in dieser prägenden Unendlichkeit steht der Erzieher, nur ein Element unter unzähligen, aber von ihnen allen unterschieden durch den *Willen*, an der Prägung des Charakters teilzunehmen, und durch das *Bewußtsein*, eine bestimmte *Auswahl* des Seins, die Auswahl des »Richtigen«, dessen, was sein *soll*, dem werdenden Menschen gegenüber zu vertreten. In diesem Willen und in diesem Bewußtsein ist seine Berufung als Erzieher grundlegend ausgedrückt. Zweierlei erwächst daraus für den Erzieher: zum ersten die Demut, das Gefühl, nur ein Element inmitten der Fülle des Lebens, nur eine einzelne Existenz inmitten all der unermeßlichen auf den Zögling einwirkenden Wirklichkeit zu sein, zum zweiten aber die Selbstbesinnung, das Gefühl, darin die einzige auf den ganzen Menschen einwirken *wollende* Existenz zu sein, und damit das Gefühl der Verantwortung für die Auswahl des Seins, die er dem Zögling gegenüber vertritt. Und noch ein Drittes ergibt sich aus alledem:

die Erkenntnis, daß es hier, im Bereich der Charaktererziehung, der Ganzheitserziehung, nur *einen* Zugang zum Zögling gibt, dessen *Vertrauen*. Vertrauen bedeutet die für den Jugendlichen, den die unzuverlässige Welt erschreckt und enttäuscht, befreiende Einsicht, daß es eine menschliche Wahrheit, die Wahrheit menschlicher Existenz gibt. In der Sphäre des Vertrauens tritt an die Stelle jenes Widerstandes gegen das Erzogenwerden ein eigentümlicher Vorgang: der Zögling nimmt den Erzieher als Person an. Er fühlt, daß er diesem Menschen vertrauen darf; daß dieser Mensch nicht ein Geschäft an ihm betreibt, sondern an seinem Leben teilnimmt; daß dieser Mensch ihn bestätigt, ehe er ihn beeinflussen will. Und so lernt er *fragen*.

Der Lehrer, an den zum ersten Mal ein Knabe herantritt, mit etwas trotziger Miene, aber mit bebenden Händen, sichtlich aufgeschlossen und von einer kühnen Hoffnung befeuert, und ihn fragt, was wohl in einer bestimmten Situation das Rechte wäre, z. B. ob man, wenn man erfährt, daß ein Freund ein Geheimnis, das man ihm anvertraut hatte, verriet, ihn zur Rede stellen oder sich damit begnügen solle, ihm fortan kein Geheimnis mehr anzuvertrauen, — der Lehrer, dem das widerfährt, merkt, daß er nun den ersten bewußten Schritt auf dem Weg der Charaktererziehung zu machen hat: er hat zu antworten, unter Verantwortung zu antworten, eine Antwort zu geben, die wahrscheinlich über die Alternative der Frage hinausführt, indem sie eine dritte Möglichkeit eröffnet, welche die richtige ist. Diktieren, was im allgemeinen gut und was böse ist, das ist seines Amtes nicht, aber antworten, auf eine konkrete Frage antworten, antworten, was in einer bestimmten Situation richtig und was falsch ist, das ist seines Amtes. Geschehen kann das, wie gesagt, nur in der Atmosphäre des Vertrauens. Vertrauen aber erwirbt man selbstverständlich nicht, indem man sich bemüht es zu erwerben, sondern indem man an dem Leben der Menschen, mit denen man umgeht, hier also: am Leben der Zöglinge, unmittelbar und unbefangen teilnimmt und die Verantwortung, die sich daraus ergibt, auf sich nimmt. Pädagogisch fruchtbar ist nicht die pädagogische Absicht, sondern die pädagogische Begegnung. Eine an den Widersprüchen in der Welt, in der menschlichen Gesellschaft, in ihrem eigenen leiblichen Dasein leidende Seele tritt mir mit einer Frage entgegen; indem ich ihr nach meinem Wissen und Gewissen zu antworten versuche, helfe ich ihr zum Charakter zu werden, der die Widersprüche handelnd überwindet.

Steht der Lehrer so zu seinem Schüler, an seinem Leben teilnehmend und verantwortungsbewußt, dann kann alles, was sich zwischen ihnen ereignet, einen Weg zur Charaktererziehung erschließen, ohne Absichtlichkeit und ohne Politik: Unterricht und Sport, ein Gespräch über Streitigkeiten in der Klasse und ein Gespräch über die Probleme eines Weltkriegs. Nur darf der Lehrer die der Erziehung gezogenen Grenzen nicht vergessen. Er darf auch da, wo Vertrauen herrscht, nicht erwarten, daß damit schlechthin Übereinstimmung herrsche. Vertrauen bedeutet Durchbruch aus der

Verschlossenheit, Sprengung der Klammer, die um ein unruhiges Herz gelegt ist, aber es bedeutet keine unbedingte Zustimmung. Der Lehrer darf nie vergessen, daß auch Konflikte erziehen, wenn sie nur in reiner Luft ausgetragen werden. Ein Konflikt mit dem Zögling ist die höchste Probe des Erziehers. Er muß die eigene Einsicht unverkümmert gebrauchen, er darf die Schwertspitze seiner Erkenntnis nicht abstumpfen, und doch muß er auch schon einen Wundbalsam für das Herz bereithalten, das von ihr getroffen wird. Er darf nicht einen Augenblick lang einen dialektischen Scheinkampf statt des wirklichen Kampfes um die Wahrheit führen, aber wenn er siegt, hat er dem Besiegten zu helfen, die Niederlage zu ertragen, und wenn er über die eigenwillige Seele nicht siegt, die ihm gegenübersteht (man siegt nicht so leicht über Seelen!), hat er das Wort der Liebe zu finden, das allein über eine so schwierige Situation wie diese hinwegführen kann.

II

Ich habe bisher nur auf jene persönliche Problematik der Charaktererziehung hingewiesen, die in der Beziehung zwischen Erzieher und Zögling ihren Ort hat; den Charakter selbst, zu dem erzogen werden soll, habe ich vorläufig vorwegnehmend als einen einfachen Begriff von feststehendem Inhalt behandelt. Das ist er aber keineswegs. Um zur sachlichen Problematik der Charaktererziehung vorzudringen, müssen wir den Begriff des Charakters selbst kritisch untersuchen.

In seiner bekannten Abhandlung über Charakterbegriff und Charaktererziehung unterscheidet Kerschensteiner zwischen dem »Charakter im allgemeinsten Sinne«, worunter er »eine sich im Handeln auswirkende, gleichbleibende Stellungnahme des Menschen zur menschlichen Umwelt« versteht, und dem eigentlichen »sittlichen Charakter«, den er als »eine besondere Stellungnahme« definiert, »eine Stellungnahme, die den unbedingt geltenden Werten einen Vorzug vor allen anderen Werten im Handeln gibt«. Nehmen wir das Unterscheidungsprinzip, dem ein Wahrheitsgehalt ja nicht abzusprechen ist, vorerst uneingeschränkt an, so eröffnet sich uns eine so ernste Problematik aller Charaktererziehung in unserem Zeitalter, daß die Möglichkeit dieser Erziehung überhaupt in Frage gestellt erscheint.

Mit »den unbedingt geltenden Werten« kann natürlich nicht eine subjektive Geltung für die handelnde Person gemeint sein. Für Don Juan ist die

Verführung möglichst vieler Frauen der unbedingt geltende subjektive Wert und für den Diktator die maximale Macht-Akkumulation. Die »unbedingte Geltung« kann sich nur auf ein Sein universaler Werte und Normen beziehen, das die handelnde Person erkennt und anerkennt. Aber gerade das Vorhandensein solcher universalen Werte und Normen von unbedingter Geltung zu bestreiten ist die hervorstechende Tendenz unseres Zeitalters. Diese Tendenz richtet sich nicht etwa bloß, wie zuweilen angenommen wird, gegen die religiöse Sanktion von Normen, sondern gegen deren universales Wesen und unbedingte Geltung überhaupt, gegen ihren Anspruch, dem Menschen wesensgemäß übergeordnet zu sein und dem ganzen Menschengeschlecht zu gebieten. Werte und Normen dürfen hier nur noch Lebensausdruck einer Gruppe sein, die ihr eignes Bedürfnis in die Sprache der objektiven Forderung übersetzt, bis zuletzt die Gruppe als solche, eine Nation etwa, zum absoluten Wert, ja zum einzigen erhöht wird und die Aufspaltung der Gruppen so durchs ganze Sein geht, daß eine gemeinsame Wertsphäre des Menschengeschlechts nicht mehr auferstehen kann und ein Befehl an den Menschen nicht mehr vernommen wird. Mit dem Wachstum dieser Tendenz schrumpft der Boden für das Werden dessen, was Kerschensteiner unter dem sittlichen Charakter versteht, immer mehr zusammen. Wie kann unter diesen Voraussetzungen die Aufgabe einer Charaktererziehung erfüllt werden?

Es sind in der Zeit des arabischen Terrors in Palästina und anläßlich einzelner jüdischer Gegenunternehmungen gewiß viele Gespräche zwischen Lehrer und Schülern über die Frage geführt worden, ob es ein Moratorium des Dekalogs geben könne, d. h. ob der Mord eine gute Tat werde, wenn man ihn im Interesse der eigenen Gesellschaft begehe. Von einem solchen Gespräch ist mir erzählt worden. Der Lehrer fragte: »Wenn es im Dekalog heißt: ‚Sage nicht gegen deinen Genossen als Lügenzeuge aus!‘, sollen wir das mit der Einschränkung verstehen; ‚Vorausgesetzt, daß es dir keinen Nutzen bringt‘?« Darauf ein Schüler: »Es handelt sich ja aber nicht um meinen Nutzen, sondern um den meines Volkes!« Der Lehrer: »Und was meinst du, wenn wir die Einschränkung so formulieren: ‚Vorausgesetzt daß es deiner Familie keinen Nutzen bringt‘?« Der Schüler: »Die Familie, das ist eben doch noch so etwas wie ich selbst, das Volk aber, das ist etwas ganz anderes, da verschwindet das Ich!« Der Lehrer: »Wenn du also z. B. denkst: ‚Wir wollen siegen!‘, fühlst du dann dabei gar nicht; ‚Ich will siegen!‘?« Der Schüler: »Aber das Volk, das ist doch unendlich mehr als die heute, gleichzeitig mit mir Lebenden! Das sind doch alle gewesenen und kommenden Geschlechter!« In diesem Augenblick empfand der Lehrer, daß man nun wirklich aus dem Kreis der Stunde treten und das geschichtliche Schicksal anrufen müsse. Er sagte: »Ja, alle gewesenen Geschlechter! Aber wovon haben denn all die Geschlechter des Exils gelebt und wodurch haben sie alles überlebt? War es nicht dies, daß der Ruf ‚Tue es nicht!‘ nie aus ihren Ohren und ihren Herzen wich?« Der Schüler wurde sehr blaß. Eine Weile schwieg er, aber wie einer, den das Wort zu ersticken droht; dann brach er aus: »Und was haben wir auf diesem Weg erlangt? Das da!« Und er klopfte auf die Zeitung vor ihm, die den Bericht über das britische Weißbuch enthielt. Und nochmals brach er aus: »Gelebt? Überlebt? War denn das ein Leben? Wir wollen leben!«

Ich habe vorhin gesagt, der Erzieher erprobe sich in dem Konflikt mit dem Zögling, er müsse ihn auf sich nehmen, und, wie auch die Sache sich wende, über ihn hinaus den Weg ins Leben finden, und zwar (so ist hinzuzufügen) in ein Leben, in dem das Vertrauen unerschüttert, ja eher auf geheimnisvolle Weise gesteigert fortbesteht. An dem Beispiel, das ich eben angeführt habe, zeigt sich aber die maßlose Schwere dieser Forderung, ja es scheint ihr eine zuweilen unüberschreitbare Grenze gezogen zu sein. Hier tut sich ja nicht mehr bloß ein Konflikt zwischen zwei Generationen auf, sondern der zwischen einer einige Jahrtausende alten Welt, die daran geglaubt hat, daß es eine dem Menschen übergeordnete Wahrheit gibt, und einem Zeitalter, das eben daran nicht mehr glaubt, — nicht mehr glauben will oder nicht mehr glauben kann.

Fragen wir nun aber: »Wie ist in dieser Situation Charaktererziehung möglich?«, so ist etwas Negatives sogleich offenbar: es hat gar keinen Sinn, mit Argumenten irgendwelcher Art beweisen zu wollen, daß es die geleugnete Unbedingtheit der Normen dennoch gibt. Das hieße ja annehmen, die Leugnung entstamme der Reflexion, gegen die man Gründe, d. h. Material zu erneuter Reflexion, vorbringen könne; sie entstammt aber der Beschaffenheit eines herrschenden Menschentypus des Zeitalters. Wohl dürfen wir in dieser Beschaffenheit eine Erkrankung des Menschengeschlechts erblikken; aber wir dürfen uns nicht vortäuschen, die Krankheit sei durch Sprüche zu heilen, die besagen, es sei all das nicht so, wie der Kranke es sich vorstelle. Es ist ein müßiges Beginnen, einer Menschheit, die ewigkeitsblind geworden ist, zuzurufen: »Seht da, die ewigen Werte!« Überall sind heute Scharen um Scharen von Menschen in die Hörigkeit von Kollektiven verfallen, von denen jedes für die ihm Hörigen die höchste Instanz ist; es gibt keine den Kollektiven übergeordnete, universale Souveränität mehr in der Idee, im Glauben, im Geist; die Bewertungen, Verfügungen Entscheidungen des Kollektivs sind inappellabel. Das gilt nicht etwa bloß für totalitäre Staaten, sondern auch für Parteien und parteiähnliche Gruppengebilde in den sogenannten Demokratien. Menschen, die sich so an den kollektiven Moloch verloren haben, kann man aus dieser Verlorenheit nicht durch einen, noch so beredten, Hinweis auf das Absolute ziehen, dessen Königtum der Moloch usurpiert. Man muß damit beginnen, sie auf den Bezirk hinzuweisen, in dem sie selber von Zeit zu Zeit, in Stunden, wo einer ganz allein mit sich ist, die Erkrankung in jähen Schmerzen verspüren: auf das Verhältnis des Einzelnen zu seinem eigenen Selbst.

Um in eine persönliche Beziehung zum Absoluten eintreten zu können, muß man erst wieder eine Person sein; man muß das reale persönliche Selbst aus dem feurigen Rachen des alle Selbstheit verschlingenden Kollektivums retten. Das Verlangen danach birgt sich in dem Schmerz des Einzelnen um das verstörte Verhältnis zu seinem eigenen Selbst; er betäubt den Schmerz mit einem feinen Gift immer neu und hält so auch das Verlangen nieder. Den Schmerz wachzuhalten, das Verlangen zu erwecken ist die erste Aufgabe eines jeden, den die Verdunklung der Ewigkeit leiden macht; es ist auch die erste Aufgabe des echten Erziehers in dieser Stunde.

Zu einer »Stellungnahme, die den unbedingt geltenden Werten einen Vorzug vor allen anderen Werten im Handeln gibt«, ist der Mensch, für den es keine unbedingt geltenden Werte in diesem, im universalen Sinne gibt, nicht zu erziehen. Aber er ist dazu zu erziehen, überhaupt erst wieder zu einer wirklichen Stellungnahme gelangen zu wollen. Damit jedoch ist der von Kerschensteiner formulierte Begriff des sittlichen Charakters, der bekanntlich auf Kant zurückgeht, als für die spezifisch heutige Aufgabe der Charaktererziehung unbrauchbar erkannt. Ein anderer ist zu suchen, wenn diese Aufgabe genauer bestimmt werden soll. Wir dürfen uns nicht verhehlen, daß wir heute auf den Trümmern des Hochbaus stehen, dessen Söller Kant errichtet hat. Es ist uns heute Lebenden nicht gegeben, bereits den Plan eines neuen Baus zu entwerfen. Aber vielleicht können wir ohne Plan, nur mit dem Aufdämmern eines Bildes in unsres Geistes Auge, die ersten Steine des Fundaments zu legen beginnen.

III

Nach Kerschensteiners endgültiger Definition ist
der Charakter »im Grunde nichts anderes als frei-
williger Gehorsam gegen Maximen, die sich durch
Erfahrung, Belehrung und Selbstbetrachtung im
Individuum gebildet haben, sei es, daß sie über-
nommen und dann vollständig zu eigen gemacht
wurden, sei es, daß sie aus eigener Gesetzgebung
im Bewußtsein entstanden sind«. Dieser freiwilli-
ge Gehorsam sei »aber nur eine Form der Selbstbeherrschung«. Zunächst müßten Liebe zu anderen oder Furcht vor anderen im Menschen »die
Gewohnheit erzeugt haben, sich selbst zu überwinden«; dann müßte sich allmählich »der äußere Gehorsam in inneren Gehorsam umwandeln«.
Der Begriff der Gewohnheit ist dann besonders
von John Dewey in seinem Buch »Human Nature
and Conduct« ausgebaut worden. Charakter ist
nach ihm »the interpenetration of habits«. Ohne
»the continued operation of all habits in every
act« gäbe es keinen einheitlichen Charakter, sondern nur »a juxtaposition of disconnected reac-
tions to separated situations«.
Aus diesem Begriff des Charakters als einer Orga-
nisation der Selbstbeherrschung durch Maximen-
sammlung oder als eines Systems von ineinander-
greifenden Gewohnheiten läßt sich die Ohnmacht
der modernen Pädagogik der Erkrankung des
Menschen gegenüber wohl verstehen. Aber auch
unabhängig von der besonderen Problematik des
Zeitalters kann er keine zulängliche Grundlage

für den Aufbau einer echten Charaktererziehung abgeben. Nicht als ob der Erzieher der Verwendung von nützlichen Maximen oder der Förderung von guten Gewohnheiten entraten könnte. Aber in den vielleicht nur seltenen Augenblicken, wo ihm das Gefühl des gesegneten Werkes beschieden ist, das Gefühl, das ihn mit dem Entdecker, dem Erfinder, dem Künstler verbindet: an der Offenbarung des Verborgenen teilzunehmen, in diesen Augenblicken findet er sich in einer ganz anderen Sphäre als in der der Maximen und Gewohnheiten. Seine eigentliche Zielsetzung, den eigentlichen Begriff des Charakters, um den es ihm zu tun ist, kann er — mag das Ziel von ihm auch nicht oft erreicht werden — nur dieser höchsten Stufe seines Wirkens entnehmen.

Ein junger Lehrer betritt zum erstenmal selbständig, nicht mehr als ein seine Befähigung ausweisender Seminarist, eine Schulklasse. Sie liegt vor seinem Blick wie ein Bild der Menschenwelt, so vielfältig, so widerspruchsvoll und so unzugänglich. Er spürt: »Die Jungen da habe ich mir nicht ausgesucht, ich bin hierher gestellt und muß sie annehmen wie sie sind, — und doch nicht wie sie jetzt, in diesem Augenblick sind, nein, wie sie *wirklich* sind, wie sie werden können. Aber wie kann ich merken, was in ihnen steckt, und was kann ich dazu tun, daß es Gestalt annehme?« Und die Jungen machen es ihm nicht leicht, sie lärmen, sie treiben Unfug, sie starren ihn mit dreister Neugier an. Schon ist er versucht, diesem Störenfried da Einhalt zu gebieten, Ordnungsmaximen anzugeben, Gewohnheiten eines anständigen Benehmens zu erzwingen, nein zu sagen, nein zu all dem, was sich von da unten gegen ihn erhebt, — von unten anzufangen. Und wenn man von unten anfängt, kommt man vielleicht nie nach oben, sondern alles kommt nach unten. Aber da trifft sein Blick auf ein Gesicht, das ihm auffällt, es ist weder schön noch besonders intelligent, aber es ist ein wirkliches Gesicht, vielmehr, das Chaos zur Entstehung des Kosmos eines wirklichen Gesichts, und er liest eine Frage darauf, die etwas anderes als die allgemeine Neugier ist. »Wer bist du? weißt du etwas, was mich angeht? bringst du mir etwas? was bringst du?« — so etwa ist die Frage zu lesen. Und er, der junge Lehrer, redet das Gesicht an. Er sagt gar nichts Gewichtiges und Bedeutsames, er stellt eine gewöhnliche Anfangsfrage: »Was habt ihr zuletzt in der Heimatkunde besprochen? Das Tote Meer? Nun, was ist das, das Tote Meer?« Aber es war doch offenbar etwas nicht ganz Gewöhnliches drin in der Frage, denn die Antwort, die er bekommt, ist nicht die übliche Schülerantwort, sondern der Junge *erzählt*. Er war vor ein paar Monaten einige Stunden am Toten Meer, und davon erzählt er. »Und das alles kam mir so vor«, sagt er noch, »als sei es einen Tag vor der übrigen Welt geschaffen worden.« Es ist unverkennbar, daß er sich jetzt eben zum erstenmal entschlossen hat, davon zu reden. Dabei hat sich sein Gesicht verändert; es ist gar nicht mehr so chaotisch wie vorher. Und die Klasse ist still geworden. Alle hören zu. Auch die Klasse ist nun kein Chaos mehr. Etwas ist geschehen. Der junge Lehrer hat von oben angefangen.

Gewiß kann die Aufgabe des Erziehers, der sich seine Zöglinge nicht aussuchen kann, sondern dem die Welt, so wie sie ist, in der Gestalt einer Schulklasse Jahr um Jahr schicksalhaft auf seinen Lebensweg geschickt wird (und gerade in diesem Schicksal liegt ja der Sinn seines Werkes!), — gewiß kann seine Aufgabe nicht darin bestehen, große Charaktere auszubilden. Er muß Zucht und Ordnung herstellen, muß ein Gesetz aufrichten, und er kann nur erstreben und erhoffen, daß Zucht und Ordnung allmählich immer innerlicher, immer autonomer werden, und daß zuletzt das Gesetz ins Herz der Schüler geschrieben stehe. Aber sein eigentliches Ziel, das, wenn er es recht erkannt hat und recht im Auge hält, all seine Arbeit beeinflussen muß, ist der große Charakter.

Der große Charakter ist weder als ein System von Maximen noch als ein System von Gewohnheiten zu erfassen. Es ist ihm eigentümlich, mit seiner ganzen Substanz zu handeln. Das heißt, es ist ihm eigentümlich, auf jede Situation, die ihn als handelnden Menschen anfordert, ihrer Einmaligkeit gemäß zu reagieren. Freilich gibt es zwischen Situationen allerhand Ähnlichkeiten, man kann Typen von Situationen konstruieren, man kann jeweils ermitteln, in welche Abteilung die Situation dieses Augenblicks gehört, und aus dem Schatz der ausgebildeten Maximen und Gewohnheiten das Passende holen, die passende Maxime ausmünzen, die passende Gewohnheit in Gang bringen. Aber das Untypische der Situation dieses Augenblicks bleibt dann unbeachtet und unerwidert. Das kommt mir vor, wie wenn man bei neugeborenen Kindern sogleich nach dem Geschlecht auch den Typus feststellen und jedes mit denen des gleichen Typus in einer Massenwiege zusammenlegen wollte, über der kein Eigenname mehr, nur noch die Bezeichnung des Typus stünde. Jede lebendige Situation hat, wie ein Neugeborenes, trotz aller Ähnlichkeit ein neues Gesicht, nie dagewesen, nie wiederkehrend. Sie verlangt eine Äußerung von dir, die nicht schon bereitliegen kann. Sie verlangt nichts was gewesen ist. Sie verlangt Gegenwart, Verantwortung, dich. Einen großen Charakter nenne ich den, der durch seine Handlungen und Haltungen den Anspruch der Situation aus einer tiefen Bereitschaft zur Verantwortung seines ganzen Lebens erfüllt, und so, daß sich in der Gesamtheit seiner Handlungen und Haltungen doch auch die Einheit seines Wesens, seines verantwortungswilligen Wesens bekundet. Weil sein Wesen eine Einheit, die Einheit eines Verantwortungswillens ist, schließt sich auch sein aktives Leben zur Einheit zusammen. Und man darf vielleicht sagen, daß sich ihm auch aus den beantwortenden und verantwortenden Situationen eine Einheit, die unumschreibbare Einheit eines sittlichen Schicksals erbaut.

Mit alledem kann keineswegs gemeint sein, daß der große Charakter jenseits der Normen stehe. Einem verantwortenden Menschen bleiben die Normen nicht fremd. Aber das Gebot der echten

Norm wird nie zur Maxime und ihre Erfüllung nie zur Gewohnheit. Was ein werdender großer Charakter an Gebot in sich aufnimmt, wirkt in ihm weder als Bestandteil seines Bewußtseins noch als Aufbaustoff seiner Übung, sondern in einer Grundschicht seiner Substanz, wo es verwahrt bleibt, bis es sich ihm konkret offenbart; und was es ihm zu sagen hat, offenbart sich jeweils durch eine Situation, die von ihm eine Erfüllung fordert, von der er vielleicht bisher keine Vorstellung hatte. Auch die universalste Norm gibt sich zuweilen erst im Allerbesondersten zu erkennen. Ich weiß von einem Mann, dem der Blitzstrahl des »Stiehl nicht!« zu einer Stunde ins Herz fuhr, da ihn etwas ganz anderes angewandelt hatte, als der Wunsch, ein Besitztum zu entwenden, und ihm so ins Herz fuhr, daß er nicht bloß unterließ etwas zu tun, sondern etwas geradezu Entgegengesetztes mit der ganzen Kraft seiner Leidenschaft tat. Gut und Böse sind ja einander nicht wie Rechts und Links entgegengesetzt, sondern das Böse tritt uns als ein Wirbel an, das Gute als eine Richtung, und auch im Verbot ist eine Richtung, ein Ja, ein Gebot verborgen, das sich in solchen Stunden auftut. In solchen Stunden redet es einen aus dem Spruch wirklich in der zweiten Person an, und das Du darin ist niemand andrer in der Welt als man selbst. Maximen·sind nur der dritten Person, des Jeder und Niemand, mächtig.

Man kann sagen, daß es gerade die Unbedingtheit der Anrede ist, die das Gebot von der Maxime unterscheidet. Von dieser Seite aus vermögen wir das

Dilemma der Charaktererziehung in einem Zeitalter, das für die unbedingte Anrede taub geworden ist, zweifellos nicht zu überwinden. Aber die Einsicht in die Struktur des großen Charakters selbst kann es uns überwinden helfen.

Freilich mag gefragt werden, ob denn der Erzieher »von oben anfangen«, ob er in seiner Zielsetzung von der Hoffnung auf den großen Charakter, der stets Ausnahme bleibt, ausgehen dürfe, da er doch in seinen Methoden der Charaktererziehung auf die andern, die vielen, Rücksicht nehmen müsse. Meine Antwort ist, der Erzieher würde es nicht dürfen, wenn sich daraus eine Methodik ergäbe, die auf jene nicht anwendbar ist. Aber es verhält sich vielmehr so, daß gerade durch die Einsicht in die Struktur des großen Charakters der Erzieher auf den Weg gelangt, auf dem allein er heute, wie ich schon angedeutet habe, auch auf die dem kollektiven Moloch Verfallenen einzuwirken beginnen kann, indem er sie auf den Bezirk hinweist, in dem sie selber leiden: auf das Verhältnis zum eigenen Selbst. Dem Bereich dieses Verhältnisses muß er die Werte entnehmen, die er seinen Zöglingen glaubhaft und begehrenswert machen kann. Dazu zeigt ihm die Einsicht in die Struktur des großen Charakters den Weg.

Ein Teil der Jugend beginnt heute zu spüren, daß in der Absorption durch das Kollektiv etwas Allerwichtigstes und Unersetzliches verloren geht, die personhafte Verantwortung für Leben und Welt. Diese Jugend weiß zwar noch nicht, daß ihre blinde Hingabe an das Kollektiv, an eine Partei etwa, nicht eine echte Tat des persönlichen Daseins gewesen ist, daß sie vielmehr der Scheu entstammte, in dieser Zeit der Verwirrung auf sich selbst gestellt zu sein, auf ein Selbst, das nicht mehr von ewigen Werten die Richtung empfängt, — daß diese Hingabe also von dem unbewußten Begehren genährt war, von einer Instanz, an die man glaubt oder glauben will, die Verantwortung abgenommen zu bekommen; daß diese Hingabe eine Flucht war. Ich sage: die Jugend, von der ich spreche, weiß das noch nicht. Aber sie beginnt zu merken, daß wer das, was er tut und läßt, nicht mehr mit seinem ganzen Wesen entscheidet und mit seinem ganzen Wesen verantwortet, an der Seele unfruchtbar wird. Eine unfruchtbare Seele aber, das ist bald keine Seele mehr.

Hier kann und soll der Erzieher ansetzen. Er kann dazu helfen, daß das Gefühl des Mangels zur Klarheit des Bewußtseins und zur Kraft des Wunsches erwachse. Er kann den Mut wecken, das Leben wieder auf die eigenen Schultern zu nehmen. Er kann vor seinen Schülern das Bild des großen Charakters erstehen lassen, der dem Leben und der Welt keine Antwort schuldig bleibt, sondern alles Wesenhafte, das ihm begegnet, in seine Verantwortung aufnimmt. Er darf dieses Bild zeigen, ohne fürchten zu müssen, daß alle die unter seinen Schülern, die vor allem der Zucht und Ordnung bedürfen, in ein Streben nach einer richtungslosen Freiheit geraten: im Gegenteil, er kann sie eben damit lehren, auch Zucht und Ordnung als den Auftrag des Wegs zu eigener Verantwortung zu erkennen.

Er kann zeigen, daß auch der große Charakter nicht fertig geboren wird, — daß seine Wesenseinheit erst reifen muß, ehe sie sich in der Folge seiner Handlungen und Haltungen äußert. Aber auf die Einheit selbst, die Einheit der Person und die Einheit des gelebten Lebens, soll er wieder und wieder hinweisen. Der verwirrenden Widerspruchsfülle des modernen Seins können nicht die Kollektive steuern, von denen keines den Geschmack der echten Einheit kennt, und die, sich selbst überlassen, damit enden würden, daß sie, wie die in die Schachtel gesperrten Skorpione der witzigen Fabel, einander auffressen. Dieser Widerspruchsfülle kann nur die Wiedergeburt der persönlichen Einheit, Einheit des Wesens, Einheit des Lebens, Einheit des Wirkens, Einheit von Wesen, Leben und Wirken miteinander, überwindend entgegentreten. Das ist keine statische Einheit des Einförmigen, sondern die große dynamische Einheit des Vielfältigen, in der sich die Vielfalt zur Einheit des Charakters gestaltet. Heute sind die großen Charaktere noch »Volksfeinde«, sie, die ihre Gesellschaft lieben, aber eben deshalb nicht bloß darauf aus sind sie zu erhalten, sondern sie zu erhöhen; morgen werden sie die Bauleute einer neuen Einheit der Menschenwelt sein. Die Sehnsucht nach der persönlichen Einheit, aus der die Einheit einer Menschheit geboren werden soll, soll der Erzieher in seinen Zöglingen erfassen und stärken. Glaube an diese Einheit und Wille zu ihr, das ist keine »Rückkehr« zum Individualismus, sondern ein Schritt über die ganze Zweiheit von Individualis-

mus und Kollektivismus hinaus. Die große ganze
Beziehung von Mensch zu Mensch kann nur zwischen einheitlichen, verantwortenden Personen
sein, darum ist sie im totalen Kollektivum seltener
als in irgendeiner historisch früheren Staatsform,
in der autoritären Partei seltener als in irgendeiner früheren Form freier Vereinigung. Die echte
Charaktererziehung ist die echte Erziehung zur Gemeinschaft.

In einer so erzogenen Generation wird sich auch
das Verlangen entzünden, die ewigen Werte wieder zu schauen, die Sprache der ewigen Norm wieder zu hören. Wer die innere Einheit kennt, deren
Innerstes Geheimnis ist, lernt das Geheimnis in all
seinen Formen verehren. Heute sind Generationen
— in einer wohl verständlichen Reaktion gegen
die frühere Herrschaft eines falschen, fiktiven Geheimnisses — von dem Drang besessen, alles Leben zu entgeheimnissen. Das fiktive Geheimnis
wird dabei verschwinden, das echte wird auferstehen. Einer Generation aber, die das Geheimnis unter all seinen Formen verehrt, wird sich auch die
Ewigkeit nicht länger entziehen. Ihr Licht erscheint
nur verdunkelt, weil das Auge am Star erkrankt
ist. Freilich, es scheidet sich heut, in der Stunde des
Aufruhrs, zwischen dem Ewigen und dem, das das
Ewige äffte; was in die Urstrahlung hineingefunkelt, in den Urklang hineingesummt hatte, wird,
da es vor der Unheimlichkeit des neuen Wirrwarrs
versagte und die fragende Seele seine Nichtigkeit
entdeckte, erloschen, verstummt sein; nichts bleibt,
als was über dem Problemungetüm des heutigen

Abgrunds, wie über den Abgründen von je, sich erhebt, der Flügelschlag des Geistes und das schaffende Wort. Aber wer aus der Einheit sehen und hören kann, wird auch wieder schauen und vernehmen, was sich ewig schauen und vernehmen läßt. Der Erzieher, der dazu hilft, den Menschen wieder zur eigenen Einheit zu bringen, hilft dazu, ihn wieder vor das Angesicht Gottes zu stellen.

NAMENVERZEICHNIS

NACHBEMERKUNG

Die Erstausgabe der *Reden über Erziehung* erschien 1953. (Mehrfach wurde dieser Erstdruck als »7. Auflage« bezeichnet, wofür es aber keinen Anhalt gibt.) Neuauflagen erschienen 1956, 1959, 1962, 1964 (fälschlich als »8. Auflage« bezeichnet) und 1969 (fälschlich als »9. Auflage« bezeichnet). Die drei Texte wurden auch in den I. Band der Auswahlausgabe der »Werke«, *Schriften zur Philosophie* (München/Heidelberg 1962), aufgenommen.

Da sämtliche Drucke der Reden über Erziehung zahlreiche, zum Teil sinnentstellende Fehler enthielten, die teils unerkannt weitergeschleppt wurden, teils neu im betreffenden Druck entstanden sind, wurde in der 7. Auflage von 1986 auf die Erstausgabe als den relativ besten Druck zurückgegriffen. Dieser Text wurde durchgesehen und, wo nötig, verbessert. Die vorliegende Auflage ist ein unveränderter Nachdruck der 7. Auflage.

Eine von Grund auf revidierte und um zusätzliche Texte erweiterte Neuausgabe von Bubers Schriften über Erziehung wird im Rahmen einer neuen Werkausgabe erscheinen. Die Texte Bubers haben nur geringen Umfang, doch ihre Wirkung, über Jahrzehnte hin, ist erstaunlich. Um die Texte der Reden verfügbar zu halten, wurde zunächst dieser unveränderte Nachdruck hergestellt.

Heidelberg, Januar 1995   L. S.